KB066609

__________ 학교 ____ 학년____반__________ 의 책이에요.

신나는 **교과 체험학습** 시리즈 이렇게 활용하세요!

'체험학습'이란 책에서나 수업 시간에 배운 지식을 실제 현장에서 직접 경험해 보는 공부 방법이에요. 단순히 전시된 물건을 관람하거나 공연을 보는 것이 아니라 학습을 하기 전에 미리 필요한 정보를 조사하는 것까지를 포함한 모든 활동을 의미해요. 어떻게 공부할 것인지를 준비하면 그렇지 않은 경우보다 훨씬 더 많은 것을 보고 느끼게 되겠지요. 이 책은 체험학습을 하려는 어린이들에게 좋은 길잡이 역할을 할 거예요.

❶ 가기 전에 읽어 보세요

이 책은 체험학습 현장을 어린이들이 쉽게 이해할 수 있도록 풀이한 안내서예요. 어린이들이 직접 체험학습 현장을 찾아가는 데 필요한 정보가 들어 있어요. 체험학습 현장을 가기 전에 꼼꼼히 읽어 보세요.

❷ 현장에서 비교해 보세요

서대문자연사박물관은 지구에서 우리와 함께 살아가는 많은 생명체의 과거부터 현재까지를 체험할 수 있는 곳이에요. 3차원의 입체 전시물과 거대한 공룡 전시물을 보며 신기한 자연사 이야기 속으로 빠져들 거예요. 또 살아 있는 동식물을 길러 볼 수도 있지요. 그럼, 자연 속으로 떠나 볼까요?

❸ 스스로 활동해 보세요

이 시리즈는 단지 지식을 전달하기 위한 교양서가 아니에요. 어린이 여러분이 교과서로 수업 시간에 배운 내용을 실제 현장에서 직접 체험하며 익힐 수 있도록 다양한 활동 내용을 담았지요. 책 중간이나 뒷부분에 이해를 돕기 위한 활동이 있으니 꼭 스스로 정리해 보세요.

❹ 견학 후 활동이 다양해요

체험학습 후에는 반드시 견학 후 여러 가지 활동을 해 보세요. 보고서 쓰기, 신문 만들기, 그림 그리기 등을 통해 체험학습에서 보고 들은 내용을 다시 한번 정리하면 알찬 체험학습이 될 거예요.

신나는 교과 체험학습 ㉙
생명의 과거와 현재를 만나요 서대문자연사박물관

초판 1쇄 발행 | 2008. 5. 29.
개정 3판 6쇄 발행 | 2024. 4. 11.

글 서대문자연사박물관 | **그림** 최경원

발행처 김영사 | **발행인** 박강휘
등록번호 제 406-2003-036호 | **등록일자** 1979. 5. 17.
주소 경기도 파주시 문발로 197(우10881)
전화 마케팅부 031-955-3100 | 편집부 031-955-3113~20 | 팩스 031-955-3111

© 서대문자연사박물관, 2008

이 책의 저작권은 저자에게 있습니다. 저자와 출판사의 허락 없이 내용의 일부를 인용하거나
발췌하는 것을 금합니다.

값은 표지에 있습니다.
ISBN 978-89-349-9639-2 64000
ISBN 978-89-349-8306-4 (세트)

좋은 독자가 좋은 책을 만듭니다. 김영사는 독자 여러분의 의견에 항상 귀 기울이고 있습니다.
전자우편 book@gimmyoung.com | 홈페이지 www.gimmyoungjr.com

| 어린이제품 안전특별법에 의한 표시사항 | **제품명** 도서 **제조년월일** 2024년 4월 11일
제조사명 김영사 **주소** 10881 경기도 파주시 문발로 197 **전화번호** 031-955-3100 **제조국명** 대한민국
사용 연령 8세 이상 **⚠주의** 책 모서리에 찍히거나 책장에 베이지 않게 조심하세요.

생명의 과거와 현재를 만나요

서대문 자연사박물관

글 서대문자연사박물관 그림 최경원

주니어김영사

차례

서대문자연사박물관에 가기 전에

미리 준비하세요

준비물 《서대문자연사박물관》 책, 필기도구, 사진기, 입장 요금

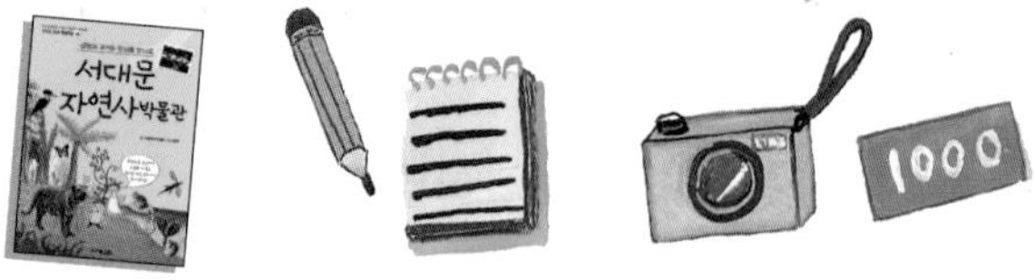

미리 알아 두세요

관람 시간

구분		관람시간	매표 및 입장 마감
3~10월	평일	09:00~18:00	17시까지 가능
	토요일 · 공휴일	09:00~19:00	18시까지 가능
11~2월	평일	09:00~17:00	16시까지 가능
	토요일 · 공휴일	09:00~18:00	17시까지 가능

※토요일과 공휴일은 1시간씩 연장 운영해요.
매주 월요일과 1월 1일, 설날, 추석 당일은 문을 열지 않아요.
단, 월요일이 공휴일이면 그 다음 날에 쉬어요.

입장료

	개인	단체	비고
어린이	2,000원	1,600원	5~12세
청소년 · 군인	3,000원	2,400원	13~18세 및 군인
어른	6,000원	4,800원	19~64세

문의 02)330-8899
홈페이지 http://namu.sdm.go.kr
주소 서울특별시 서대문구 연희로32길 51 (연희동 141-52)
가는 방법 2호선 신촌역 3,4번 출구로 나와 서대문03번
3호선 홍제역 3번 출구에서 7738번 버스

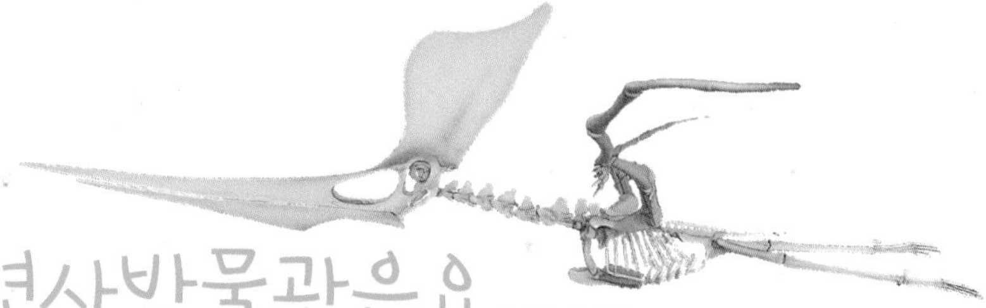

서대문자연사박물관은요……

우리의 지구 그리고 그곳에서 살아가는 많은 생명체의 과거와 현재 모습을 전시하고 있는 곳이에요. 이곳에서는 3차원의 입체적인 전시물과 다양한 동영상 및 체험 프로그램을 만나 볼 수 있어요. 흥미로운 전시물을 구경하며 탄성을 지르다 보면 여러분도 모르게 자연사 공부에 푹 빠질 거예요.

서대문자연사박물관에서 배우게 될 것은 이뿐만이 아니에요. 여러 동식물을 직접 보고 체험하는 동안 우리 인간도 자연의 일부라는 사실, 그리고 여러분만큼이나 소중한 다른 생명들을 아끼고 사랑해야 한다는 사실을 느끼게 될 테니까요. 그럼, 신나고 흥미로운 자연사 속으로 탐험을 떠나 볼까요?

한눈에 보는 서대문자연사박물관

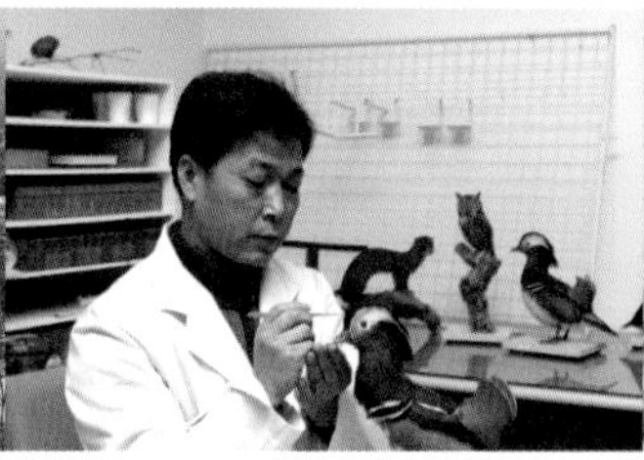

서대문자연사박물관에 온 것을 환영합니다! 관람을 시작하기 전에 박물관이 어떻게 이루어져 있는지 알아보기로 해요. 그래야 헤매지 않고 돌아볼 수 있을 테니까요. 박물관은 전부 세 개 층으로 되어 있어요. 중앙홀에서 거대한 아크로칸토사우루스와 중생대 동물 화석을 감상한 후, 3층으로 올라가서 한 층씩 관람하며 내려오면 된답니다. 기획전시실과 가상체험실, 도서관도 이용할 수 있어요. 건물 밖에 있는 미끄럼틀과 화석찾기도 빼놓지 말고 즐겨 보세요.

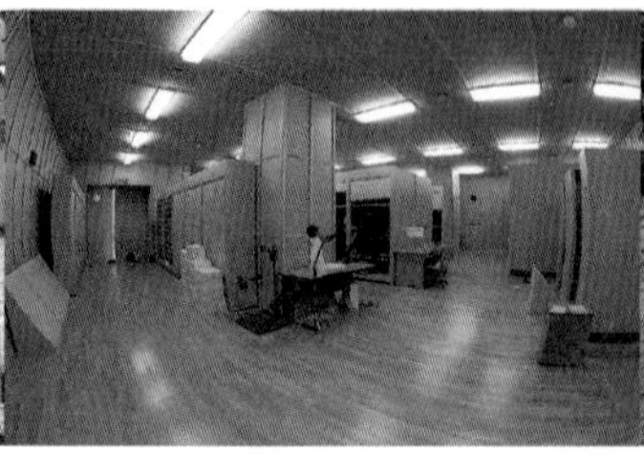

전시실 안에서 이것만은 꼭 지켜 주세요!

· 박물관에서는 조용히! 떠들거나 뛰어다니면 안 돼요.
· 다치지 않도록! 계단을 오르내릴 때와 진열장 모서리를 주의해요.
· 전시물을 소중히! 손으로 만지거나 전시물에 올라가지 말아요.
· 사진 촬영은 안 돼요! 중앙홀에서만 촬영이 가능해요.
· 배가 고플 땐 지정된 장소에서! 야외공원이나 식당을 이용해요.

3층 지구환경관

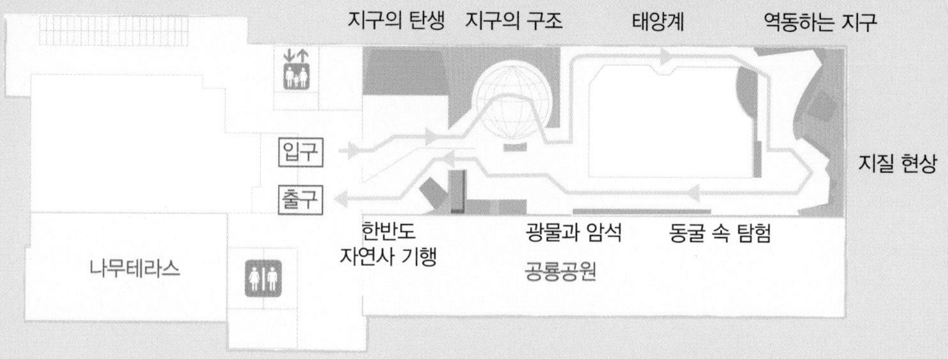

2층 생명진화관

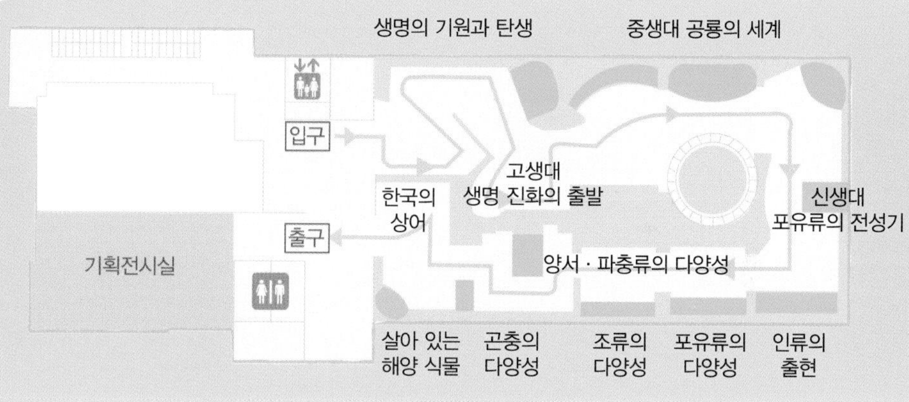

1층 인간과 자연관

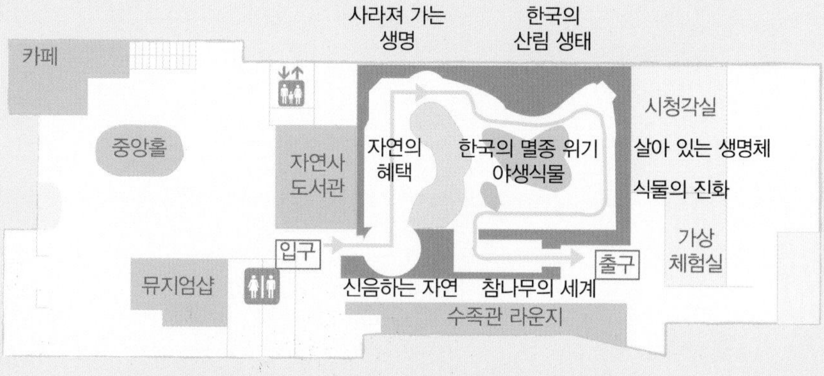

3층 지구환경관

여기는 지구환경관이에요.
서대문자연사박물관 3층에 마련된
지구환경관에서는 우리가 살고 있는
지구를 탐험해 볼 수 있어요.
가장 먼저 지구의 탄생부터 현재까지의
모습을 특수 안경을 쓰고 생생한
입체 영상으로 관람해요. 그런 다음
아직까지는 갈 수 없는 곳,
지구의 내부 모습을 들여다보는 거예요.
지구에 대한 탐험이 끝나고 나면
신비한 우주와 별자리가 여러분을
기다리고 있답니다!

지구는 어떻게 태어났을까?

지구는 어떻게 생겼을까?

태양과 여덟 개의 행성

하늘의 지도, 별자리

힘차게 움직이는 지구

지구의 껍질, 광물과 암석

지구는 어떻게 태어났을까?

우리가 살고 있는 지구는 언제, 어떻게 태어났을까요? 먼 옛날인 약 150억 년 전, 빅뱅과 함께 우주가 생겨났어요. 그 뒤 우주는 계속 커졌지요. 그러다 우주 속을 떠돌던 먼지가 모여 만들어진 가스 구름이 압축되고 뜨거워지면서 새로운 별들이 생겨났어요. 태양도 그 별들 중 하나예요.

태양이 생겨나자 주위에 있던 먼지와 가스가 태양을 중심으로 빙글빙글 돌면서 뭉쳐져 무수히 많은 작은 암석 덩어리를 이루었어요. 그리고 이들이 다시 여러 개의 거대한 덩어리를 만들며 커졌지요. 이 덩어리들은 서로 충돌해 합

빅뱅

대폭발이라는 뜻으로, 우주의 탄생을 설명하는 이론이에요. 상상을 넘을 만큼 작은 알갱이였던 우주가 어느 순간 대폭발을 일으켰고, 눈 깜짝할 사이 엄청나게 커졌다고 과학자들은 말해요. 우주에는 전파의 일종인 우주배경복사가 고르게 퍼져 있다는 사실과, 멀리 떨어진 은하일수록 지구로부터 빠르게 멀어져 간다는 사실이 빅뱅 이론을 뒷받침해 준다고 하지요.

쳐졌고, 약 46억 년 전 마침내 여덟 개의 행성이 탄생했어요. 그 중 하나가 바로 우리의 지구랍니다.

막 생겨난 지구 주위에는 무수히 많은 암석 덩어리들이 있었어요. 이러한 덩어리들은 운석이 되어 비가 내리듯이 떨어졌어요. 운석의 충돌로 지구 표면은 용암이 흘러내릴 정도로 뜨거워졌고, 하늘에는 수증기가 가득했지요.

시간이 흘러 지구는 점차 식어 갔고, 지구 대기를 가득 채우고 있던 수증기는 구름을 만들어 냈어요. 이 때부터 지구에 큰 비가 내리기 시작했지요. 끝도 없이 퍼부은 비는 뜨겁던 지구를 식혀 주었어요. 지구 표면에 내린 엄청난 양의 빗물은 낮은 곳으로 흘러 모였어요. 바로 지구의 생명체가 태어난 곳, 바다가 만들어진 것이에요.

행성
태양 주위를 도는 천체를 뜻해요. 스스로 빛을 내지 못하고 태양 빛을 반사해서 빛나지요.

운석
우주를 떠돌던 바윗덩어리가 지구에 떨어진 것을 가리켜요.

지구는 어떻게 생겼을까?

씨앗을 심거나 흙장난을 하면서 땅을 파 본 적이 있을 거예요. 만약 땅을 자꾸자꾸 파들어 가면 우리나라 반대편에 있는 브라질에 도착할 수 있을까요? 정답부터 말하자면 그럴 수가 없답니다. 우리가 밟고 있는 땅이란 지구의 껍질인 지각에 불과하며 그 속에는 엄청나게 뜨겁고 밀도가 높은 맨틀과 핵이 있기 때문이에요.

밀도
물질의 질량을 부피로 나눈 값을 말해요. 밀도가 큰 물질일수록 아래쪽으로 가라앉지요.

지구가 생겨나면서 아직 뜨거웠을 때 철과 같이 무거운 물질은 중심으로 가라앉아 핵을 이루고, 가벼운 물질은 표면으로 떠올라 지각을 이루었어요. 나머지 물질이 중간 부분인 맨틀을 만들었지요.

여기서 **잠깐!**

지구의 내부 구조

다음 중에서 지구의 내부 구조에 속하는 부분이 아닌 것은 무엇일까요? (　　)

①지각 ②맨틀 ③대기 ④내핵

구슬처럼 동그랗게 생긴 지구는 표면에서 중심까지의 거리가 6370킬로미터쯤 돼요. 그 중 생명체가 살아가는 공간인 육지와 바다가 속한 곳이 지각이에요. 완전히 식어서 딱딱한 암석으로 이루어진 지각의 두께는 35킬로미터에 불과해요.

지각 아래에는 지구 전체 부피의 80퍼센트를 차지하는 맨틀이 있어요. 맨틀의 윗부분은 식어서 딱딱한 반면, 아랫부분은 아직 뜨거워 말랑말랑하기 때문에 우리가 느끼지 못할 만큼 천천히 움직여요. 따라서

지구의 내부 모습
맨 안쪽이 내핵, 그 다음이 외핵, 맨틀, 지각의 순서로 이루어져 있답니다. 핵은 온도가 아주 높아요.

맨틀 위의 지각판도 함께 움직이고, 지진이나 화산 등 지질 현상이 일어나게 되지요.

지구의 가장 중심부인 핵은 고체인 내핵과 액체인 외핵으로 나뉘어요. 무거운 철과 니켈 등의 물질로 이루어진 핵의 중심부는 온도가 섭씨 6000도나 된답니다.

지구의 보호막, 대기

이번엔 위를 보세요. 하늘이 보이지요? 하늘을 대기라고도 부르는데, 크게 대류권, 성층권, 중간권, 열권으로 구분해요. 그 중 바람, 구름, 눈, 비 등 기상 현상이 일어나는 곳은 대류권이에요. 대류권에서는 1킬로미터씩 올라갈 때마다 기온이 섭씨 6도 정도씩 낮아져요. 대류권 위 성층권에는 태양의 강한 자외선으로부터 지구의 생명체를 보호하는 오존층이 있어요. 또 성층권은 움직임이 없이 고요해 비행기가 다니는 길로 이용돼요. 유성이 나타나는 중간권은 대기권 중 가장 온도가 낮고, 열권에서는 아름다운 오로라가 생겨요.

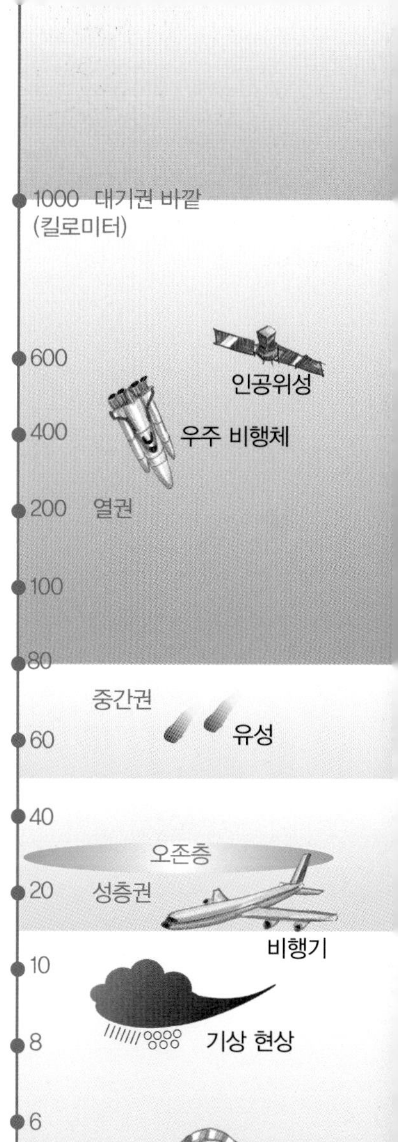

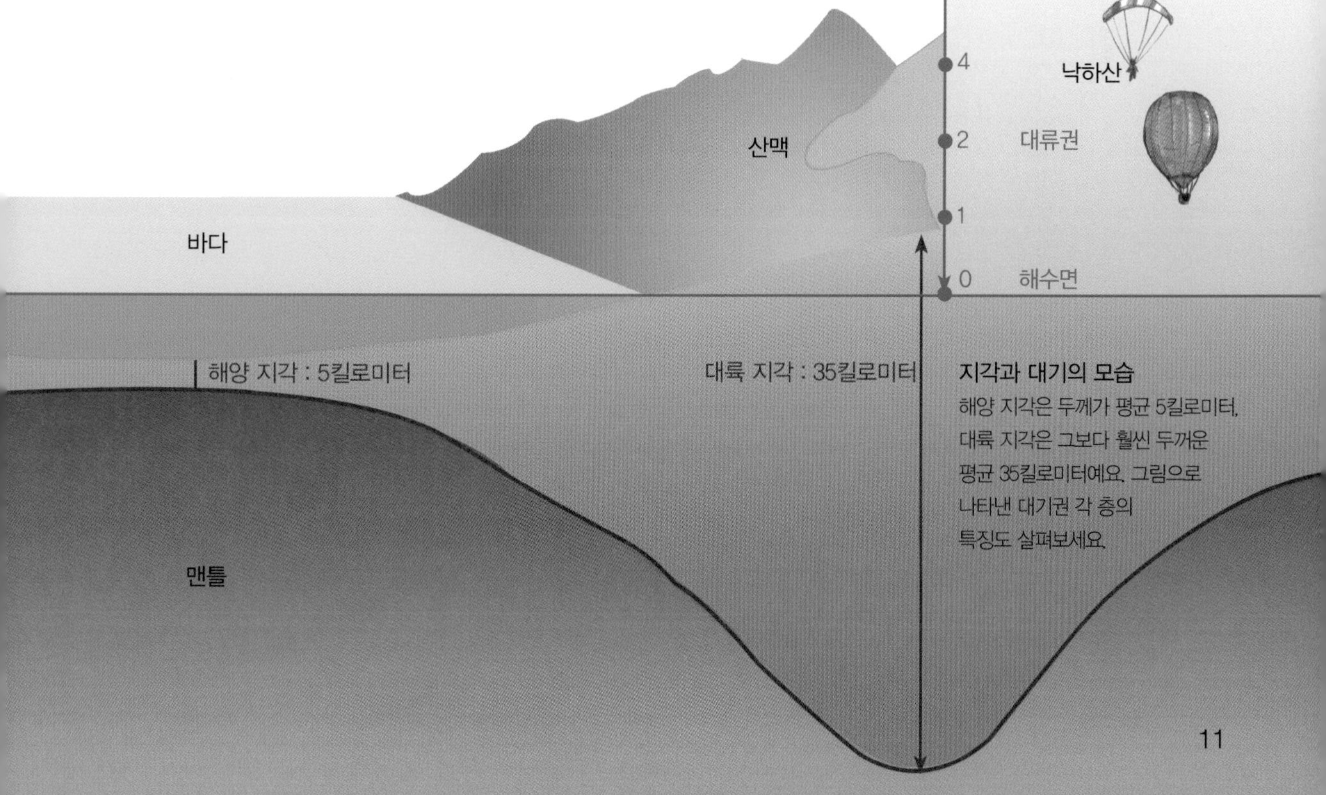

지각과 대기의 모습
해양 지각은 두께가 평균 5킬로미터, 대륙 지각은 그보다 훨씬 두꺼운 평균 35킬로미터예요. 그림으로 나타낸 대기권 각 층의 특징도 살펴보세요.

태양과 여덟 개의 행성

천체
우주를 이루는 태양, 행성, 위성, 혜성, 성단 등을 통틀어 일컬어요.

위성
행성의 주위를 도는 천체를 말해요.

스스로 빛을 내는 항성인 태양은 수많은 다른 천체를 거느려요. 태양 주위를 돌고 있는 수성, 금성, 지구, 화성, 목성, 토성, 천왕성, 해왕성의 여덟 개 행성을 비롯해 그 주위를 도는 70여 개의 위성, 그리고 수백만 개의 혜성과 셀 수 없이 많은 소행성이 여기 속하지요. 이 모두를 가리켜 '태양계'라고 일컬어요.

여덟 개의 행성은 지구형 행성과 목성형 행성으로 구분할 수 있어요. 크기가 작고 태양에서 가까우며 단단한 암석으로 만들어진 수성,

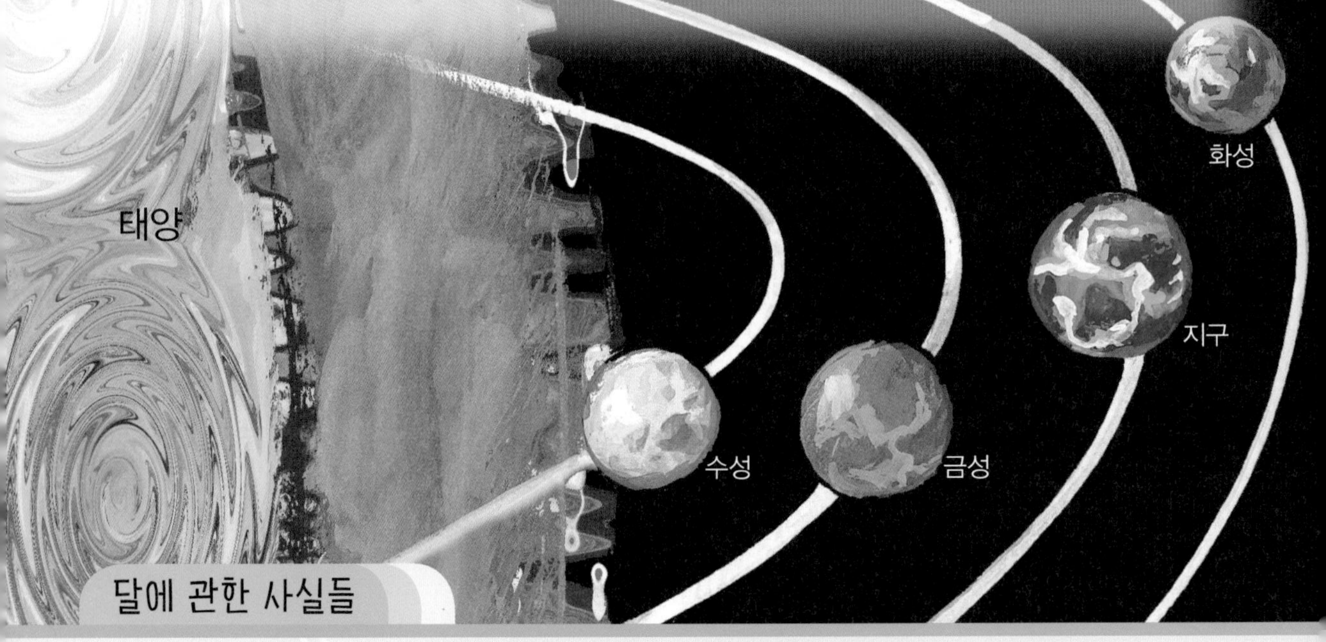

달에 관한 사실들

해가 지고 난 깜깜한 밤하늘을 누가 밝혀 주나요? 바로 달이에요. 가로등과 네온 불빛이 환한 도심에서는 잘 느낄 수 없지만 인공적인 조명이 없는 시골길을 밤에 걸으면 달빛의 고마움을 금세 알 수 있답니다. 초승달, 반달, 보름달로 바뀌는 변화무쌍한 달에 관해 조금 더 알아보아요.

- 달은 지구의 하나밖에 없는 위성이에요.
- 달은 대략 한 달에 한 번 지구 주위를 돌아요.
- 지구에서는 달의 한쪽 면만을 볼 수 있어요.
- 달에는 공기가 없어서 특수한 장비가 있어야만 소리를 들을 수 있어요.
- 달에는 생명체에 꼭 필요한 물이 없어요. 그래서 동식물이 살 수 없지요.
- 달에서는 한 달의 반은 낮이고, 반은 밤이에요. 달의 한 달과 하루는 같은 셈이지요.

금성, 지구, 화성을 지구형 행성이라고 불러요. 지구와 아주 닮아서 이렇게 불리는데, 위치나 크기가 비슷한 네 개 행성 가운데 오직 지구만이 적절한 조건을 갖춘 덕분에 바다가 생겨났고 그로부터 생명체가 탄생하는 행운을 누렸답니다.

목성형 행성은 크기가 크고 태양에서 멀리 떨어져 있어요. 구성 물질은 무거운 암석이 아닌 수소와 헬륨 같은 가벼운 가스이지요. 크기가 가장 큰 목성을 포함해 토성, 천왕성, 해왕성이 여기에 속해요. 태양계 전체 질량의 99퍼센트를 태양이 차지하고, 목성과 토성이 나머지 질량의 90퍼센트를 차지한답니다.

질량
어떤 물체에 포함된 물질의 양을 뜻해요. 킬로그램(kg)이나 그램(g)으로 표시하지요.

- 낮 동안 달 표면의 온도는 섭씨 120도까지 올라가고, 밤에는 섭씨 영하 170도까지 내려가요.
- 망원경으로 달을 가장 먼저 관측한 사람은 갈릴레오 갈릴레이예요.
- 맨 처음 달에 간 사람은 미국의 닐 암스트롱과 에드윈 버즈 올드린이에요.
- 당시 타고 간 우주선이 바로 '아폴로 11호'이지요. 1969년 7월 16일에 발사됐어요.
- ✱한 지점이 아폴로 11호가 착륙한 곳이에요.

달

드넓은 우주 속 우리은하

별들과 성운 등이 모여 이룬 집단을 은하라고 해요. 태양계가 속한 은하는 외부 은하와 구별해서 '우리은하'라고 부르지요. 우리은하에는 2천억 개나 되는 별들이 있고 나이는 100억 년이나 됐다고 해요. 지구보다 질량이 33만 배나 큰 태양의 규모만 상상해도 머리가 어질어질한데 태양과 같은 별들이 2천억 개나 모여 있는 은하라니 입이 떡 벌어질 지경이지요.

우리은하는 평편한 둥근 판의 중앙에 공이 들어가 있는 모양으로 생겼어요. 원판 부분을 은하면이라고 부르는데, 우리 태양계는 바로 이 은하면의 가장자리에 위치해 있답니다. 그래서 지구에서 밤하늘을 바라보면 은하면에 자리한 다른 별들이 겹겹이 겹쳐 띠 모양을 이루어요. 이것을 마치 은빛의 강처럼 보인다고 하여 은하수

여기서 잠깐!

푸른 하늘 은하수~
은하수에 관한 사실이 아닌 것은 무엇일까요? (　　)

①은하수는 별들이 모인 것이다.
②우리은하에 속해 있다.
③우리나라에서는 볼 수 없다.
④다른 별에서 보면 지구도 은하수에 포함된다.

☞ 정답은 56쪽에

라고 부르지요.

태양을 포함한 우리은하의 모든 별들은 은하의 중심을 축으로 아주 조금씩 돌고 있어요. 태양이 한 바퀴 도는 데에는 무려 2억 5천만 년이 걸린다고 해요. 과학자들의 계산에 따르면, 태양은 지금까지 우리은하의 주위를 스물다섯 번 정도 회전했어요. 우리은하의 중심은 궁수자리 방향이고, 우리은하와 가장 가까운 은하는 소마젤란운과 대마젤란운이라는 두 개의 은하로 이루어진 마젤란은하예요. 여러분도 밤하늘에서 찾아보세요.

하늘의 지도, 별자리

수천 년 전, 지금의 서남아시아 지방에서 가축을 키우며 살던 사람들은 밤하늘에 보이는 별에 관심이 많았어요. 이들은 별의 위치를 기억하기 쉽도록 몇 개씩 묶어서 이름을 붙였어요. 주변에서 흔히 볼 수 있는 동물의 이름에서 따 왔지요. 이렇게 별을 무리지어 이름을 붙인 것을 별자리라고 해요.

이집트 사람들도 별자리를 가지고 있었어요. 이집트의 별자리는 그리스로 전해졌지요. 그리스에서는 **신화** 속 영웅이나 신들, 동물들의 이름이 별자리에 더해졌어요. 이 별자리가 나중에 유럽으로 알려졌고, 망원경을 발명한 유럽 사람들은 더 많은 별자리를 발견하지요. 특히 독일과 프랑스의 천문학자들은 저울, 시계 등 물건의 이름을 따서 별자리 이름을 부르기도 했어요.

그런데 문제가 생겼어요. 별자리가 너무 많아지자 편리하게 쓰려고 만든 별자리로 인해 사람들이 오히려 헷갈리기 시작한 거예요. 그래서 1928년, 국제천문연맹에서 별자리를 88개로 확정지었어요. 황도를 따라서 12개, 북반구 하늘에 28개, 남반구 하늘에 48개의 별자리를 정했지요.

신화
옛날 사람들의 생각이 담긴 신비한 이야기를 일컬어요.

은하적도
은하의 중심과 수평한 가상의 커다란 원이에요. 지구의 적도와 마찬가지로 위도가 0이에요.

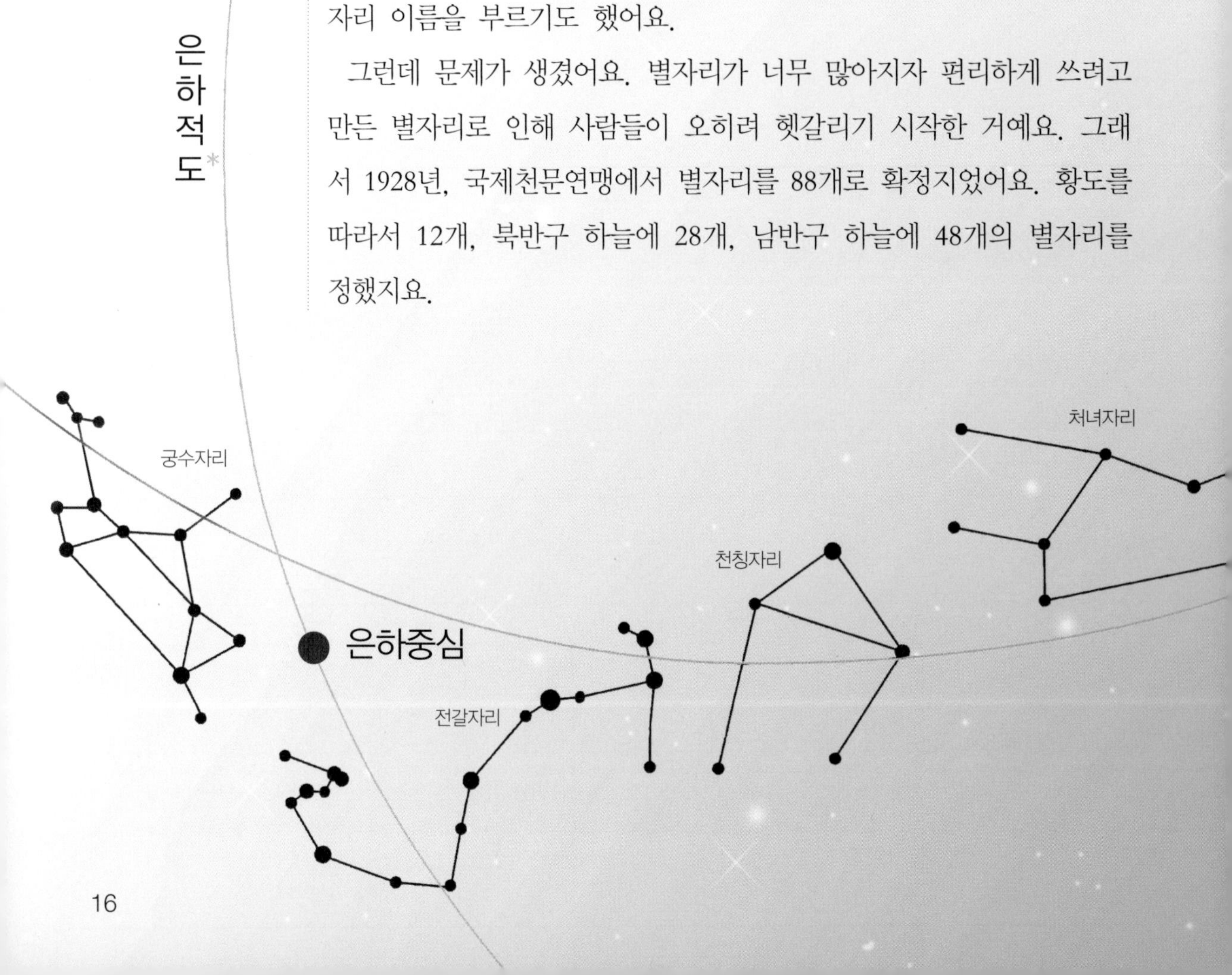

88개 가운데 우리나라에서 온전히 볼 수 있는 별자리는 모두 67개예요. 계절별로 잘 보이는 별자리가 조금씩 다르지만 북쪽 하늘에 자리한 큰곰자리, 작은곰자리, 용자리, 카시오페이아자리, 세페우스자리, 기린자리의 여섯 개 별자리를 계절에 관계없이 우리나라 어디에서나 볼 수 있답니다. 특히 큰곰자리의 북두칠성과 카시오페이아자리는 매우 밝아서 다른 별자리를 찾는 길잡이가 되지요.

황도 십이궁

황도란 지구에서 봤을 때 태양이 하늘을 지나가는 길이에요. 1년 동안 태양은 원을 그리면서 지구를 도는 것처럼 보이는데, 이 원을 열둘로 나누면 매달 태양이 머무는 자리가 정해지지요. 황도 십이궁은 이 열두 자리에 위치한 별자리랍니다. 1월부터 궁수자리, 염소자리, 물병자리, 물고기자리, 양자리, 황소자리, 쌍둥이자리, 게자리, 사자자리, 처녀자리, 천칭자리, 전갈자리 순이에요.

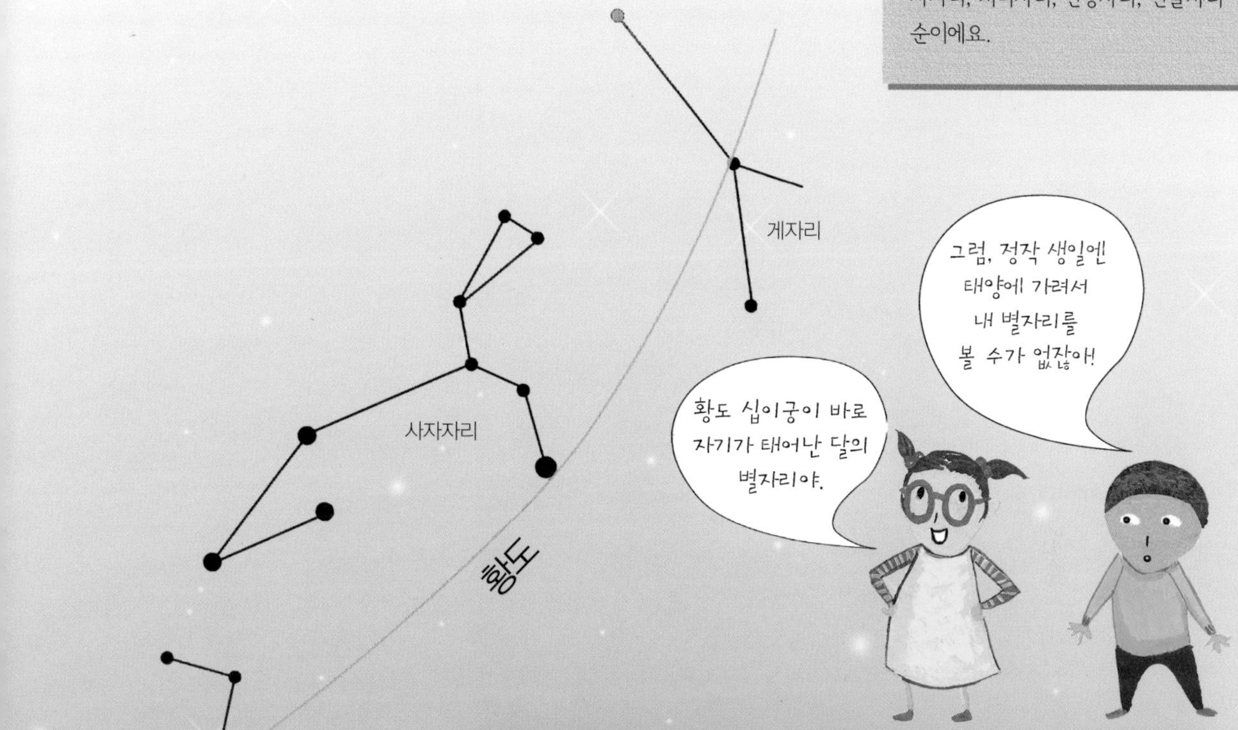

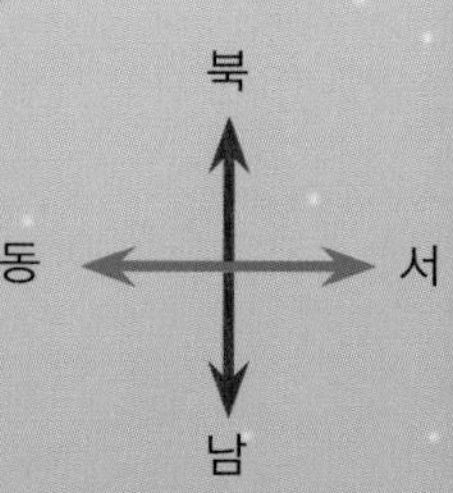

우리나라 여름철의 별자리

7월 1일 밤 9시경에 관측한 우리나라 여름철의 별자리예요. 3층 천장에 있어서 2층과 3층 전시실 안에서 볼 수 있어요.

힘차게 움직이는 지구

딱딱한 암석으로 이루어진 지구의 지각은 여러 개의 조각으로 나뉘어 있어요. 이 조각들을 판이라고 하지요. 판은 서서히 움직이는 맨틀 위에 얹혀 있고, 따라서 맨틀이 움직이면 그 위에 붙어 있는 판도 움직여요. 다시 말하면, 지구상의 모든 땅이 이동을 한다는 뜻이에요. 물론 이런 이동은 수천, 수만 년에 걸쳐서 이루어진답니다. 학자들에 따르면 약 2억 년 전에는 지구의 모든 육지가 초대륙을 이루고 있었는데, 판의 이동으로 지금과 같은 모습이 된 것이에요.

초대륙
하나로 이루어진 가상의 원시 대륙으로, 판게아라고도 불러요.

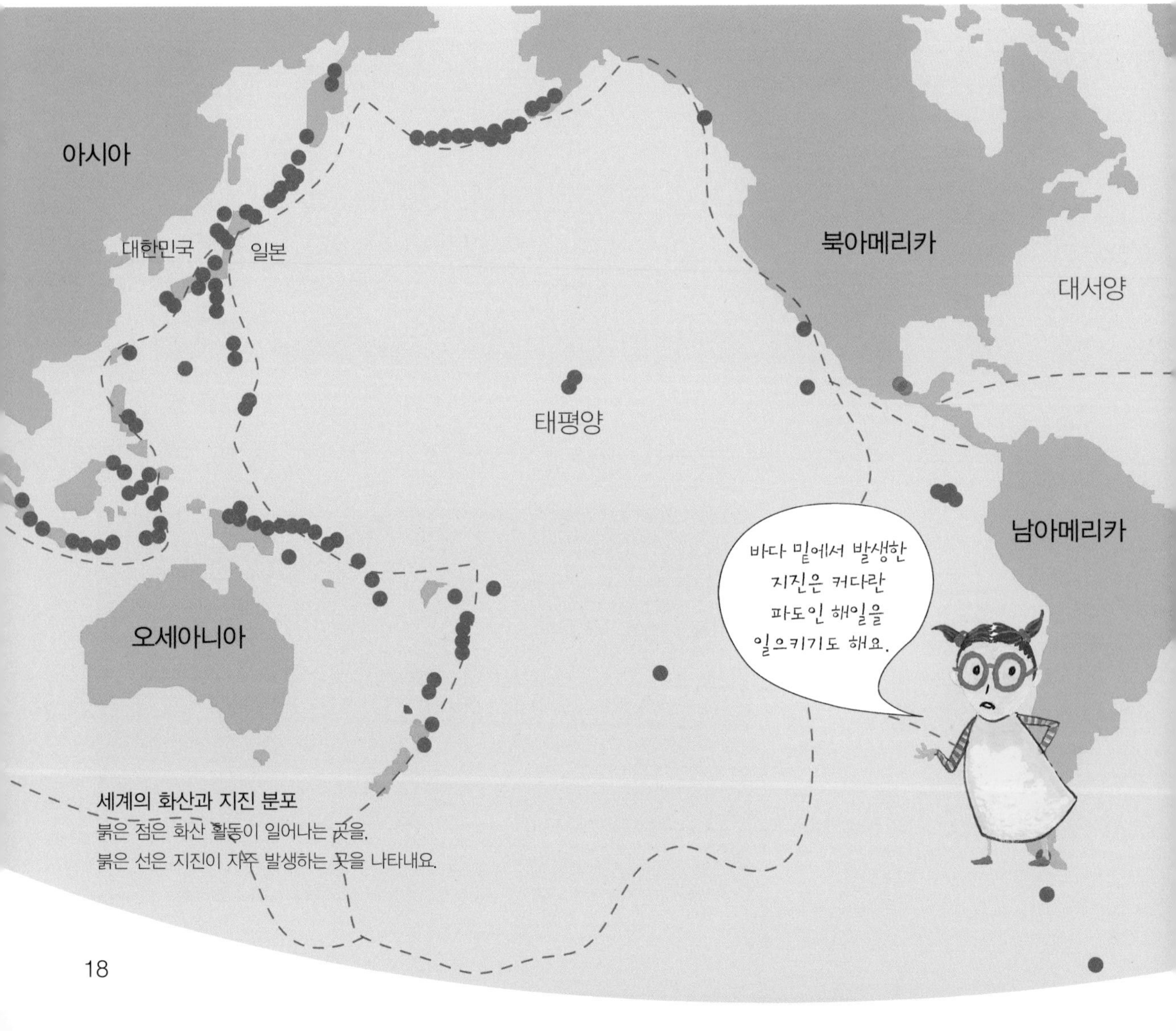

세계의 화산과 지진 분포
붉은 점은 화산 활동이 일어나는 곳을,
붉은 선은 지진이 자주 발생하는 곳을 나타내요.

지구의 변덕, 화산과 지진

땅의 움직임은 여러 가지 현상을 일으켜요. 대표적인 것이 화산과 지진, 습곡, 단층이에요. 판이 이동하다 보면 다른 판과 부딪치기도 하고, 무거운 판이 가벼운 판 아래로 밀려들어가기도 하지요. 판끼리 부딪치면 히말라야 같은 큰 산맥이 만들어지고, 한쪽 판이 다른 판 밑으로 들어가면 지진과 함께 화산 활동이 일어나요. 그래서 판과 판의 경계에 위치한 곳에서 화산과 지진이 자주 일어나지요. 우리와 이웃한 일본이 그런 경우랍니다. 불행히도 아직까지는 언제 어디에서 화산이나 지진이 발생할지 예측할 수 없다고 해요.

습곡
지각에 수평으로 압력이 가해져 생기는 물결 모양 주름을 뜻해요.

단층
지각이 갈라져서 어긋나게 된 지형을 가리켜요.

여기서 **잠깐!**

우리나라도 지진을 대비해야 해요!

지진은 먼 나라에서만 일어나는 일이 아니에요. 우리나라에도 1년에 20회 정도의 지진이 발생하거든요. 게다가 이웃 나라 일본에서 발생하는 지진이 우리나라에까지 영향을 미칠 수 있다고 하니 여러분도 지진이 일어났을 때의 행동 요령을 잘 알고 있어야 해요.

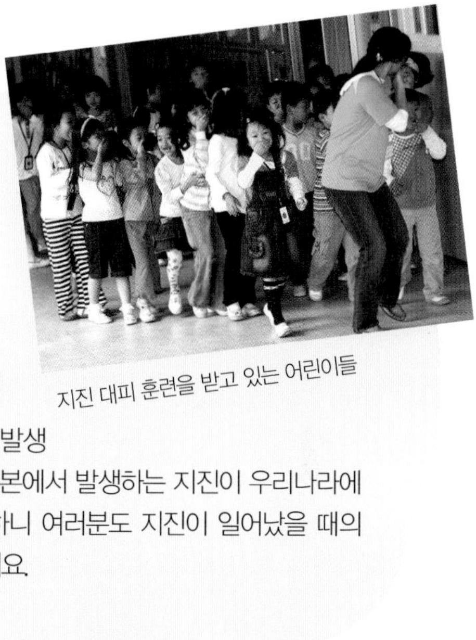
지진 대피 훈련을 받고 있는 어린이들

화산이 폭발할 때 생기는 부산물들이에요.
왼쪽을 스코리아, 오른쪽을 부석이라고 부르지요.

지구가 만든 예술품, 동굴

지구가 끊임없이 변하고 있음을 보여 주는 증거는 또 있어요. 바로 단단해 보이기만 하는 동굴이에요. 동굴은 빗물이나 파도와 같은 자연 현상에 의해 아주 오랫동안 깎이거나 녹아서 만들어져요. 석회암으로 이루어진 땅이 아주 오랜 시간에 걸쳐 빗물과 지하수에 녹아 생기는 석회암동굴, 화산이 폭발하면서 분출된 용암이 흐르며 만들어지는 용암동굴, 그리고 바닷가 절벽이 파도에 깎여 만들어지는 해식동굴 등이 있지요.

석회암
동물의 뼈나 껍질이 쌓여 생기는 퇴적암으로 시멘트의 원료예요.

석회암동굴 모형 전시 동굴의 내부 구조를 한눈에 볼 수 있어요.

우리나라에도 무려 1000개가 넘는 동굴들이 있어요. 대부분의 동굴은 안전과 환경 보호를 위해 출입을 제한하고 있지만, 자연의 역사를 알고 싶어 하는 사람들을 위해 개방한 동굴이 열세 곳 정도 있어 여러분도 직접 가서 볼 수 있답니다.

하지만 동굴을 관람할 때는 무척 조심해야 해요. 빛이 거의 들지 않는 동굴 안에는 그런 환경에 맞도록 적응한 독특한 동굴 생물들이 살고 있거든요. 또 동굴은 천연기념물이나 세계자연유산으로 지정해 보호할 만큼 그 자체만으로 귀한 자원이기 때문이지요.

세계자연유산
인류 전체를 위해서 보호해야 할 가치가 있다고 인정된 유산 중 자연물을 가리켜요.

여러 동굴의 모습

단양의 석회암동굴
종유석, 용식공 등 독특한 구조를 찾아볼 수 있답니다.

제주도의 용암동굴
뜨거운 용암이 흐른 자리에 동굴이 만들어진 것이 용암동굴이에요.

제주도의 해식동굴
바닷가의 절벽이 오랜 세월 동안 파도에 깎여서 생겨요. 내부가 단순하게 생겼어요.

지구의 껍질, 광물과 암석

형광광물자외선을 쬐면 빛이 나요.

광물은 자연적으로 만들어진 고체 물질이에요. 화학적인 짜임새와 구성 요소가 고르고 규칙적이지요. 전시실에는 마노, 황수정, 자연금과 같은 광물이 전시되어 있어요. 우리가 알고 있는 다이아몬드, 수정, 루비 등의 보석도 광물이에요.

광물들이 조합을 이루면 암석이라고 불러요. 암석은 만들어진 원리에 따라 크게 화성암, 퇴적암, 변성암으로 나누어요. 땅밑에 있던 마그마가 땅 위로 솟아 나와서 식으면 화성암, 화성암이 풍화되어 쌓이면 퇴적암, 퇴적암이 땅속에 묻혀서 높은 열과 압력을 받으면 변성암이 되지요. 변성암이나 퇴적암이 아주 높은 열과 압력을 받으면 다시 마그마가 되므로 암석은 결국 돌고 돌아요.

조합
여럿이 한데 모여 한 덩어리가 된 것을 뜻해요.

다양한 광물과 암석

광물
자연적으로 만들어지지 않고 동물이나 식물에 의해 만들어지면 광물이 아니에요.

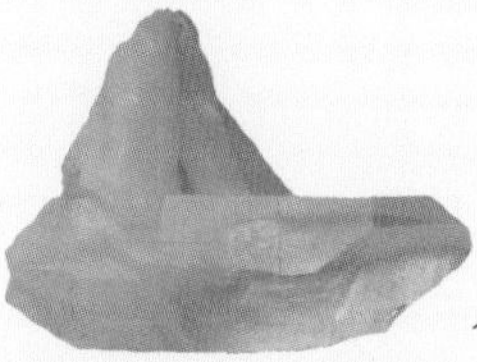

석영

흑운모

역암

연수정

황수정

규암

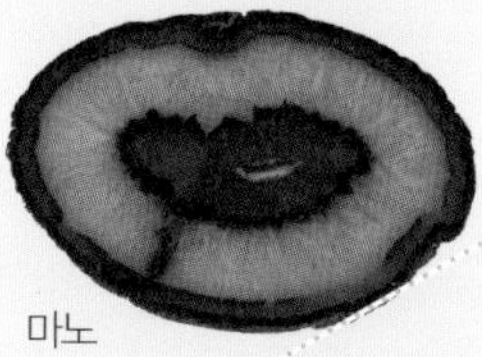

마노

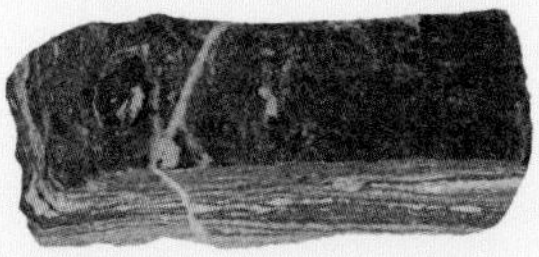

편마암

반려암

암석
암석은 오랜 시간에 걸친 순환 과정을 통해 다른 암석으로 바뀌어요.

2층 생명진화관

지구의 역사를 살펴보았으니
이제 그곳에서 살고 있는 생명체들의
과거와 현재의 모습에 대해 알아보아요.
특히 이번 전시실에는 여러분이 좋아하는
공룡들의 뼈와 모형이 많이 전시되어 있어요.
알을 보호하는 트로오돈 한 쌍과 머리를
들이받으며 싸우는 파키케팔로사우루스,
금방이라도 뛰어나갈 듯 서 있는
트리케라톱스를 만나 보세요.
참, 긴 목의 우아한 엘라스모사우루스를
빠트리면 안 돼요!

박테리아에서 인간까지

지구에 사는 다양한 동물들

박테리아에서 인간까지

무척추동물
등뼈를 가지고 있지 않은 모든 동물을 통틀어 일컬어요.

양서류
어류와 파충류의 중간으로 땅 위와 물속에서 살아요.

파충류
공룡을 비롯해서 도마뱀, 거북, 악어, 뱀 등의 동물이 속해 있는 동물군을 말해요.

지구가 태어나고 가장 먼저 모습을 드러낸 생명체는 바로 박테리아예요. 박테리아의 활동으로 지구에 산소가 생겨나자 더욱 많은 생명체가 탄생했어요. 그리고 각각의 생명체들은 점점 진화해 갔지요.

고생대 - 바다에서 땅으로

시간이 흘러 고생대 초기에 들어서자 바다에 무척추동물이 등장했어요. 처음엔 삼엽충이나 조개와 비슷하게 생긴 완족동물들이 바다에서 살았지요. 그러다 이후 오징어와 비슷하게 생긴 동물들을 비롯해 원시 어류가 나타났어요. 이때만 해도 생물들은 물속에만 살았답니다. 그러다 실루리아기에 식물이 땅 위에서 번식하는 데 성공해요.

고생대 5억 7천만 년 전~2억 4천5백만 년 전

캄브리아기
5억 7천만 년 전~5억 5천만 년 전
삼엽충과 완족류가 많이 살았어요.

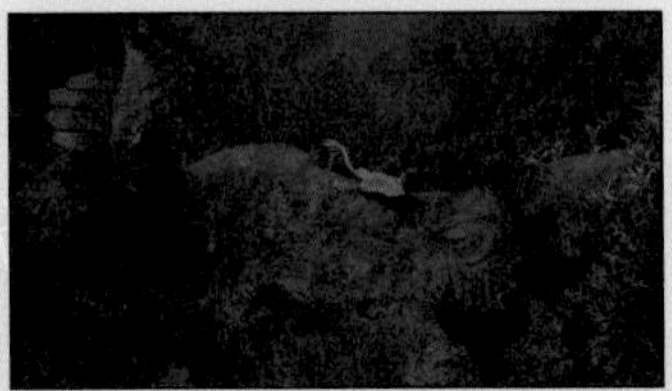

버제스셰일 동물군

오르도비스기
5억 5천만 년 전~4억 3천8백만 년 전
필석류가 많았고, 어류가 나타났어요.

두족류 화석

실루리아기
4억 3천8백만년 전~4억 8백만 년 전
식물이 땅 위에서 살기 시작했어요.

갑각류 화석

원시 어류가 출현한 뒤 바다에는 많은 종류의 어류가 살게 되었고, 여러 가지 모습으로 진화하더니 드디어 **양서류**가 나타났어요. 동물도 식물의 뒤를 이어 땅 위로 진출한 거예요. 양서류가 등장하고 나서 얼마 후, 공룡의 조상인 **파충류**가 생겨났어요. 육상의 식물은 씨앗을 만들어 번식하는 종자식물로 진화했고요. 하지만 아직까지 밑씨를 감싸 주는 씨방이 없는 겉씨식물이었어요.

그런데 어느 순간, 다양한 모습으로 지구를 채워 가던 생물 대다수가 모습을 감추었어요. 고생대 말기의 대**멸종**이 일어난 것이지요. 현대의 과학자들은 아직도 그 원인을 알아내지 못했어요. 2억 4천만 년 정도 전의 일이에요.

스트로마톨라이트

시아노박테리아라는 이름을 기억하세요. 산소를 처음으로 만들어 낸 주인공이거든요! 사진은 시아노박테리아가 살았던 흔적인 화석이에요. 스트로마톨라이트라고 부르지요. 우리나라에서도 발견된답니다.

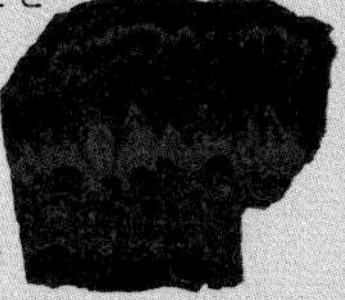

스트로마톨라이트

멸종
생물의 한 종류가 아주 없어져 버리는 것을 가리켜요.

데본기
4억 8백만 년 전~3억 6천만 년 전
양서류가 나타났어요.

원시 어류 화석

석탄기
3억 6천만 년 전~2억 8천6백만 년 전
파충류와 겉씨식물이 등장해요.

고사리 화석

페름기
2억 8천6백만 년 전~2억 4천5백만 년 전
파충류의 시대였어요.

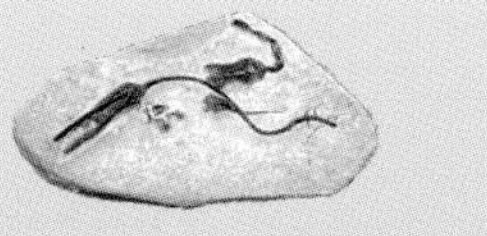

해백합 화석

중앙홀의 아크로칸토사우루스

중생대 – 공룡들의 시대

부분적으로 춥기도 했던 고생대와 달리 중생대는 대체로 온난했어요. 이 때의 대표적인 동물로는 암모나이트와 공룡을 들 수 있지요. 특히 파충류는 땅과 하늘, 바다를 누비며 중생대를 지배했어요. 파충류는 사는 곳에 따라 하늘을 날면 익룡, 바다에 살면 어룡, 육지에 살면

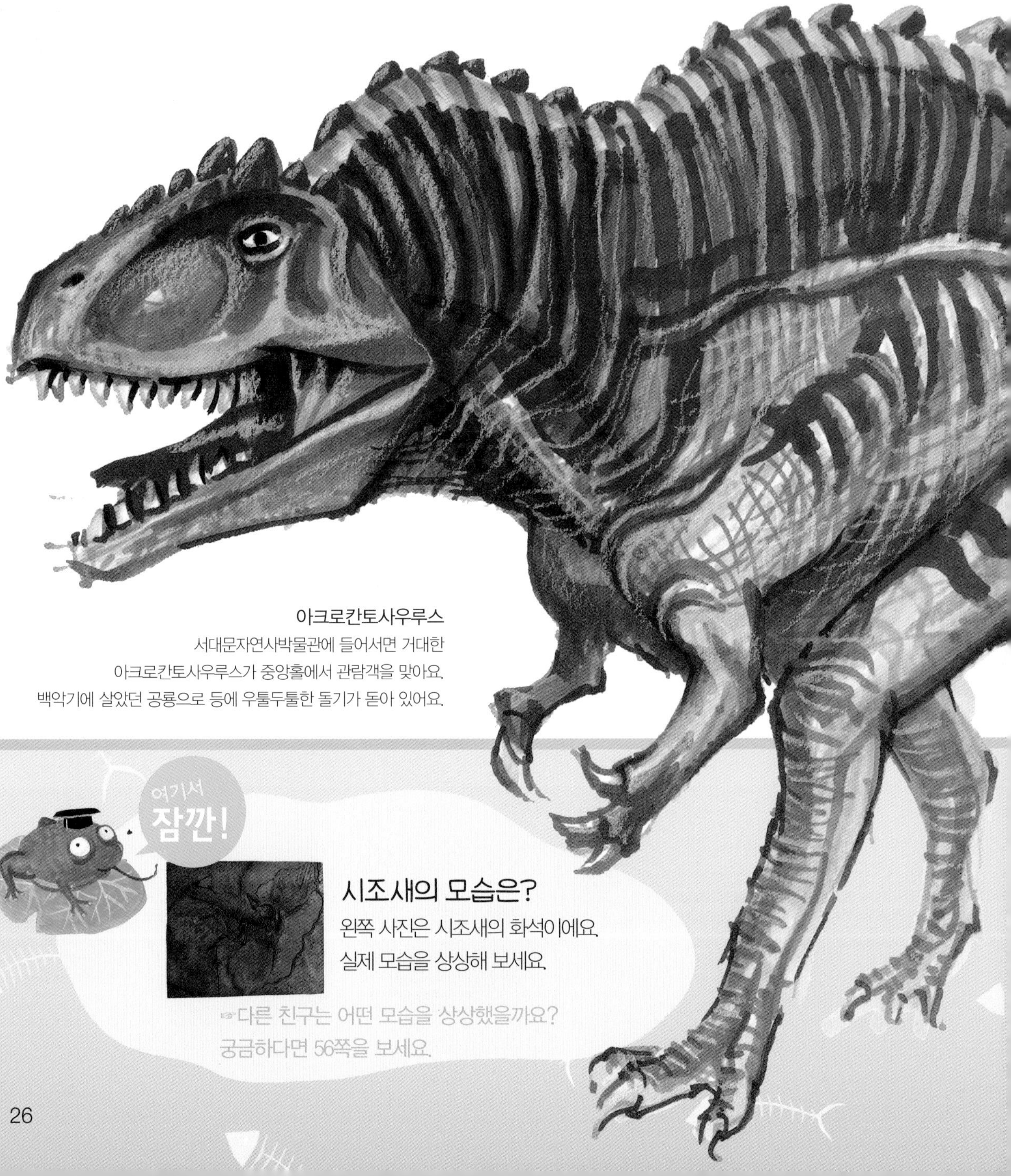

아크로칸토사우루스
서대문자연사박물관에 들어서면 거대한 아크로칸토사우루스가 중앙홀에서 관람객을 맞아요. 백악기에 살았던 공룡으로 등에 우툴두툴한 돌기가 돋아 있어요.

여기서 잠깐!

시조새의 모습은?

왼쪽 사진은 시조새의 화석이에요.
실제 모습을 상상해 보세요.

☞다른 친구는 어떤 모습을 상상했을까요?
궁금하다면 56쪽을 보세요.

공룡이라고 불러요. 시조새는 새처럼 생겼지만 공룡에 속한답니다. 그 밖에도 원시적인 모습의 포유류가 중생대 초기에 등장했고, 후기인 백악기에는 속씨식물이 나타나면서 겉씨식물의 수가 많이 줄어들었어요.

고생대에 많은 생물이 멸종했던 사실, 기억하지요? 중생대 말에도 역시 공룡과 암모나이트를 포함한 많은 생물이 짧은 시간에 한꺼번에 사라져 버려요. 아직까지 정확한 원인을 알지 못한답니다.

포유류
등뼈가 있고 새끼에게 젖을 먹여 키우는 동물들을 말해요.

중생대 2억 4천5백만 년 전~6천5백만 년 전

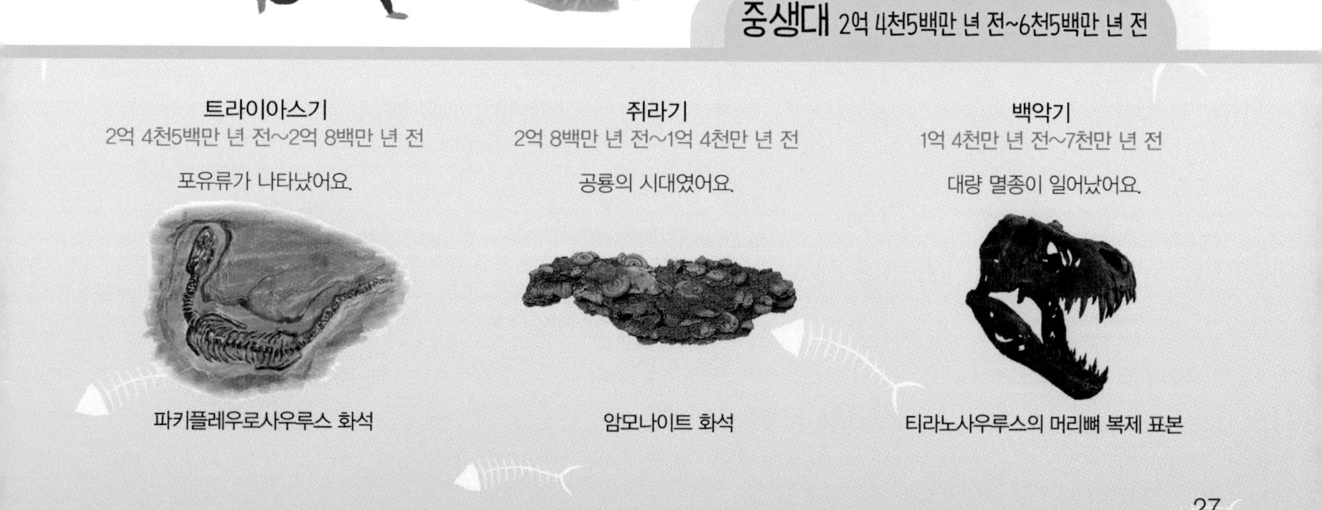

파키플레우로사우루스 화석 / 암모나이트 화석 / 티라노사우루스의 머리뼈 복제 표본

공룡의 피부색은 어땠을까요?

여러분이 가장 좋아하는 공룡은 무엇인가요? 티라노사우루스? 트리케라톱스? 그럼, 그 공룡은 무슨 색깔일까요? 초록색 아니면 회색? 영화나 그림책에서 공룡은 대부분 초록색이나 회색 또는 흙색의 피부를 갖고 있어요. 하지만 공룡의 피부색은 아무도 몰라요. 아무리 훌륭한 공룡 박사라 해도 말이에요.

우리는 땅속에 남아 있는 화석을 통해서 공룡의 모습을 그려 보지요. 그런데 공룡의 피부색은 짐작할 수가 없어요. 피부처럼 연약한 조직은 오랜 시간이 지나면 썩어서 없어지기 때문에 화석으로 남지 않거든요. 색깔을 결정하는 색소체도 사라져 버리지요. 따라서 여러분이 보는 모든 공룡의 피부색은 상상으로 만들어 낸 것이랍니다.

그렇다면 책 속 공룡들 색깔이 초록색 계통인 이유는 무엇일까요? 공룡은 파충류에 속하는데 현재 지구상에 살고 있는 파충류에는 거북, 도마뱀, 뱀, 악어 등이 있어요. 같은 종류인 이들의 모습을 보고 추측을 하는 것이지요.

공룡을 연구하는 학자들은 공룡이 실제로 파충류와 비슷한 피부를 가졌을 수도, 전혀 다른 화려한 색깔을 가졌을 수도, 또는 보호색을 가졌을 수도 있다고 생각해요. 그것도 아니라면 카멜레온처럼 상황에 따라 몸의 색깔을 바꿨을지도 모르는 일이랍니다!

트리케라톱스의 머리뼈
2층에서 만날 수 있어요.

내 맘대로 색칠하기

그림 속 트리케라톱스를 여러분의 상상력을 마음껏 발휘해서 멋지게 색칠해 보세요.

☞다른 친구의 솜씨가 궁금하다면 56쪽으로!

신생대 – 포유류 그리고 인간의 등장

중생대 말 대량 멸종이 있은 뒤, 살아남은 포유류들은 공룡이 사라진 지구의 지배자가 되었어요. 초기에 생쥐처럼 작았던 포유류는 점차 몸집이 커졌지요. 소나 노루, 돼지, 코뿔소, 코끼리 등의 조상이 등장한 것이에요. 이 때를 신생대 제3기라고 해요. 알프스나 히말라야 같은 높은 산맥들이 생긴 것도 이 시기이지요.

제3기 다음은 제4기라고 불러요. 지금으로부터 약 160만 년 전부터 현재까지를 가리키지요. 제4기에 들어서자 지구는 매우 추워졌어요. 그래서 제4기를 빙하 시대라고도 불러요. 빙하 시대라 하기에는 별로 추운 것 같지 않다고요? 빙하 시대라 해도 항상 춥기만 한 것은 아니에요. 매우 추운 빙하기와 비교적 따뜻한 간빙기가 차례로 반복되

빙하 시대
빙하가 발달해서 육지를 넓게 뒤덮은 시대를 말해요. 지금까지 네 번의 빙하 시대가 있었어요.

인류의 진화 과정

인류의 진화 과정은 아직 분명하게 밝혀지지 않았어요. 하지만 일반적으로 인정되는 인류의 첫 번째 조상은 오스트랄로피테쿠스이지요. 인류의 특징은 두 발로 걷고 도구를 사용할 줄 안다는 것이에요.

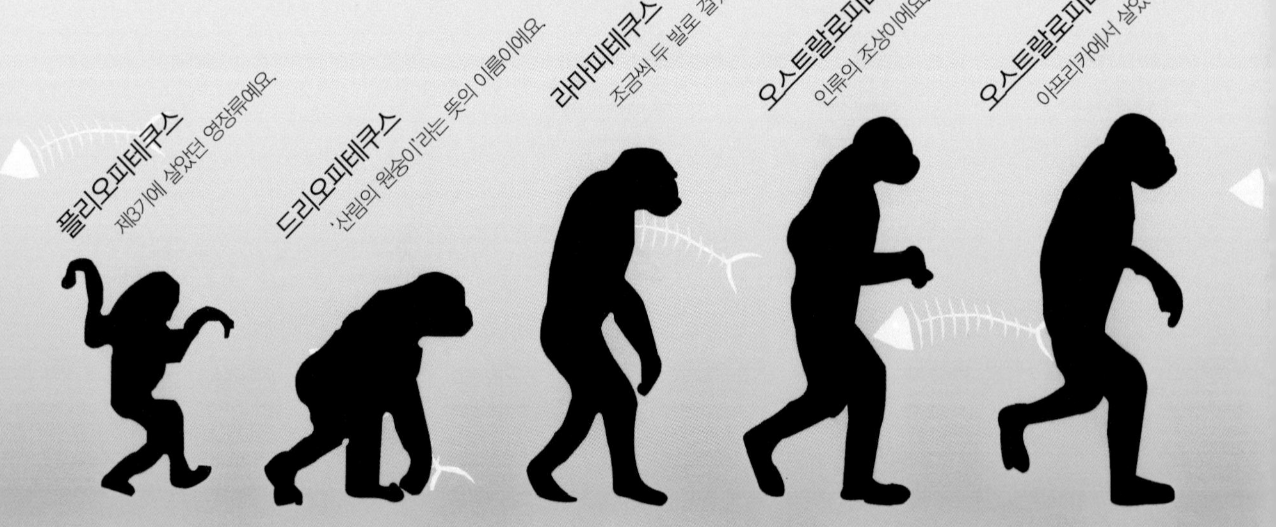

서대문자연사박물관 2층 전시실에는 인류의 진화 과정을 알려 주는 두개골 모형이 전시되어 있어요. 어떤 점이 달라졌는지 잘 살펴보세요.

오스트랄로피테쿠스 로부스투스

→

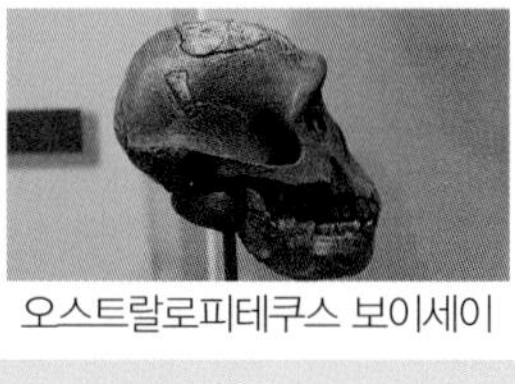
오스트랄로피테쿠스 보이세이

→

지요. 현재는 간빙기에 속해요.

제4기까지 수많은 생물이 탄생하고 사라졌지만 혹독한 추위 속에서 중요한 존재가 그 모습을 드러내요. 바로 인류의 조상인 오스트랄로피테쿠스예요. 오스트랄로피테쿠스는 곧게 서서 두 발로 걸었고, 돌로 만든 도구를 사용했어요. 이후 인류는 점점 진화해서 복잡한 도구를 사용하고 불을 이용할 줄도 알게 되지요.

구석기인
동굴에 살았고 불을 피울 줄 알게 되었어요.

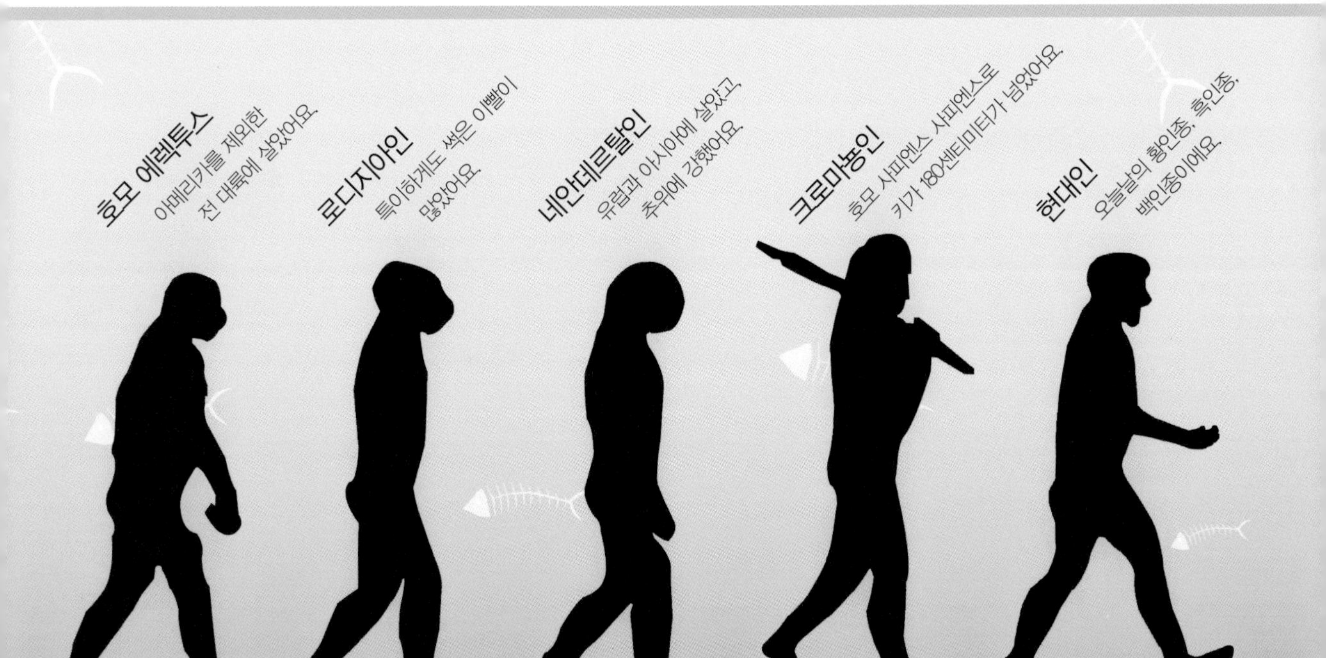

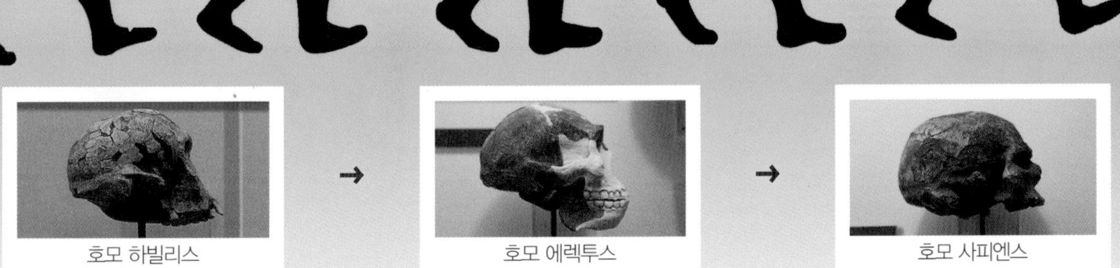

호모 하빌리스 / 호모 에렉투스 / 호모 사피엔스

지구에 사는 다양한 동물들

생명체의 기원인 박테리아에서부터 신생대 인간의 등장까지, 생명의 진화에 관한 관람이 어땠나요? 이제부터는 이런 과정을 거쳐 현재의 모습을 하게 된 지구상의 여러 동식물을 만날 차례예요.

포유류 – 새끼한테 젖을 먹여 키워요

등뼈가 있는 동물 중 암컷이 새끼한테 젖을 먹여 키우는 종류가 포유류예요. 대부분 새끼를 낳고 몸에 털이 있으며 집단을 이루고 살아요. 지구상에 4500종이 넘게 있지요. 우리 인간도 포유류에 속해요.

포유동물은 땅 위에서도 살고 땅속에서도 살아요. 또 물에서 살기도 하고 물과 땅을 오가며 살기도 하는가 하면 하늘을 날기도 한답니다. 여러분도 아주 많은 포유동물을 알고 있어요. 소, 돼지, 고양

포유류

이, 개, 쥐, 고슴도치, 다람쥐, 고래, 수달, 박쥐, 사자, 호랑이 등이 모두 포유류예요.

조류 전시

다양한 새가 전시돼 있어요.

조류 - 하늘을 날아요

조류의 가장 큰 특징은 날 수 있다는 거예요. 몸의 생김새나 살아가는 습성 역시 나는 데 적합하게 맞추어져 있지요. 예를 들어, 날기에 좋도록 뼈 속이 비어 있고, 높은 곳에서 먹이를 찾아야 하니 시력이 아주 좋아요. 또 먹을 것을 찾아 먼 곳까지 무리를 지어서 이동하기도 해요.

날개가 있고 날아다니는 동물 대부분이 조류에 속해요. 오리, 부엉이, 기러기, 두루미, 비둘기, 참새, 꾀꼬리 등이 모두 조류랍니다.

습성
같은 동물 종에서 발견되는 공통적인 행동 방식을 뜻해요.

곤충류 – 뼈 대신 딱딱한 껍질을 가져요

곤충 전시
세계 여러 나라의 곤충을 볼 수 있어요.

곤충은 지구상에서 가장 생명력이 강한 동물이라고 할 수 있어요. 세계 구석구석 살지 않는 곳이 거의 없고, 숫자로 따지면 전체 동물의 4분의 3을 차지하고 있거든요.

고생대 석탄기인 3억 5천만 년 전부터 지구에 등장한 곤충들의 가장 큰 특징은 뼈가 없다는 것이에요. 대신 딱딱한 껍질이 몸을 보호해 주지요.

석탄기
고생대 중 한 시기로, 거대한 양치식물이 많이 살았고 파충류와 곤충류가 나타났어요.

양서류 – 물에서도 살고 땅에서도 살아요

약 4억 년에서 3억 5천만 년 전, 바다 속에서만 살던 동물들이 땅으로 올라오기 시작했다는 사실을 이미 배웠어요. 바다에서 살던 생물체가 땅에 적응하는 데에는 아주 많은 시간이 필요했답니다. 그리

곤충류

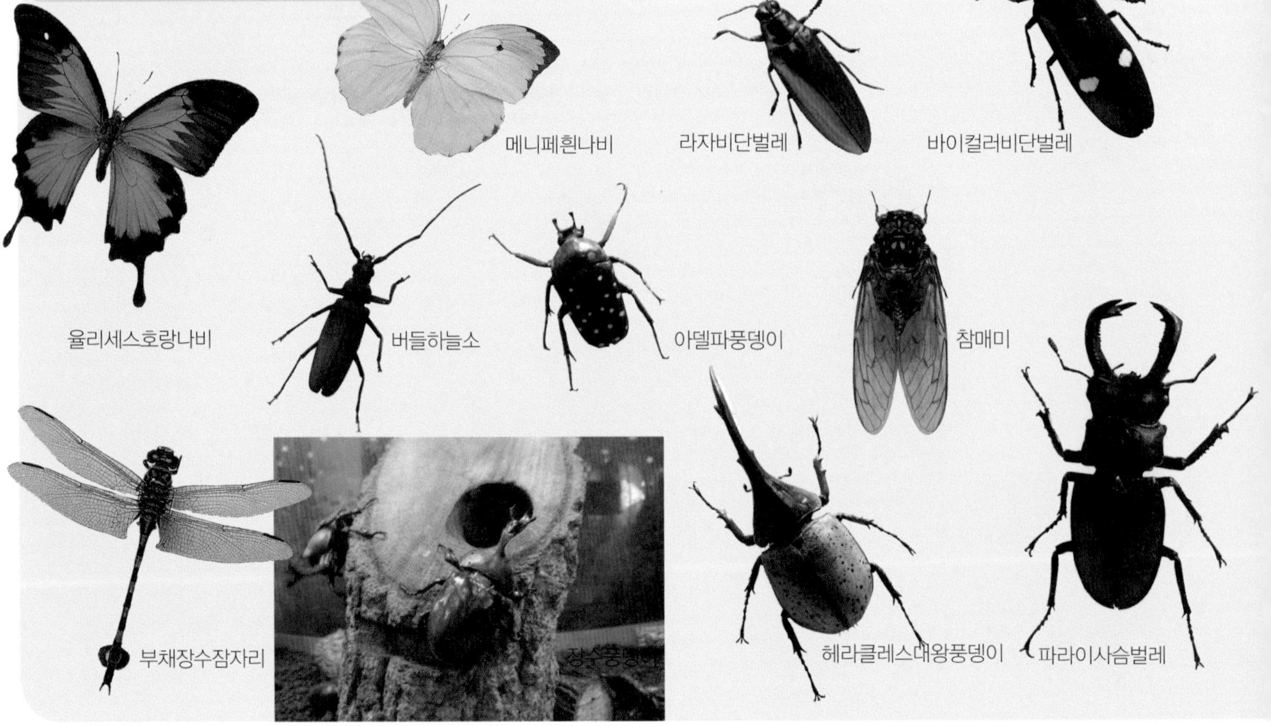

고 몇몇 동물은 적응하는 과정에서 물속과 땅 위 양쪽에서 살도록 진화했어요. 우리가 잘 아는 개구리가 그렇지요. 이런 동물들을 양서류라고 불러요.

변온 동물의 반대는?

바깥 온도와 상관없이 체온을 유지할 수 있는 동물은 변온 동물과 대비해서 항온 동물이라고 불러요. 인간도 섭씨 36~37도 정도의 체온을 갖고 있지요. 이처럼 체온을 일정하게 유지하기 위해서는 세 가지 조건이 필요해요. 첫째, 심장과 폐가 잘 발달해 있어야 하고 둘째, 몸의 열을 내보내기 위해 땀을 흘릴 수 있어야 하며 셋째, 보온을 위해 털이 있어야 하지요.

파충류 – 몸의 온도가 변해요

공룡들은 수많은 궁금증을 남기고 사라졌지만 중생대 말기의 대량멸종에서 살아남은 파충류도 있었어요. 바로 뱀, 도마뱀, 거북, 악어 등이에요.

파충류한테는 특별한 능력이 있어요. 햇볕을 이용해서 몸의 온도를 높이고 낮추는 것이지요. 몸의 온도가 낮으면 햇볕을 쬐고, 높으면 그늘에 가서 열을 식히는 방식이에요. 이렇게 햇볕을 쬐어서 체온을 조절하는 동물들을 변온 동물이라고 불러요.

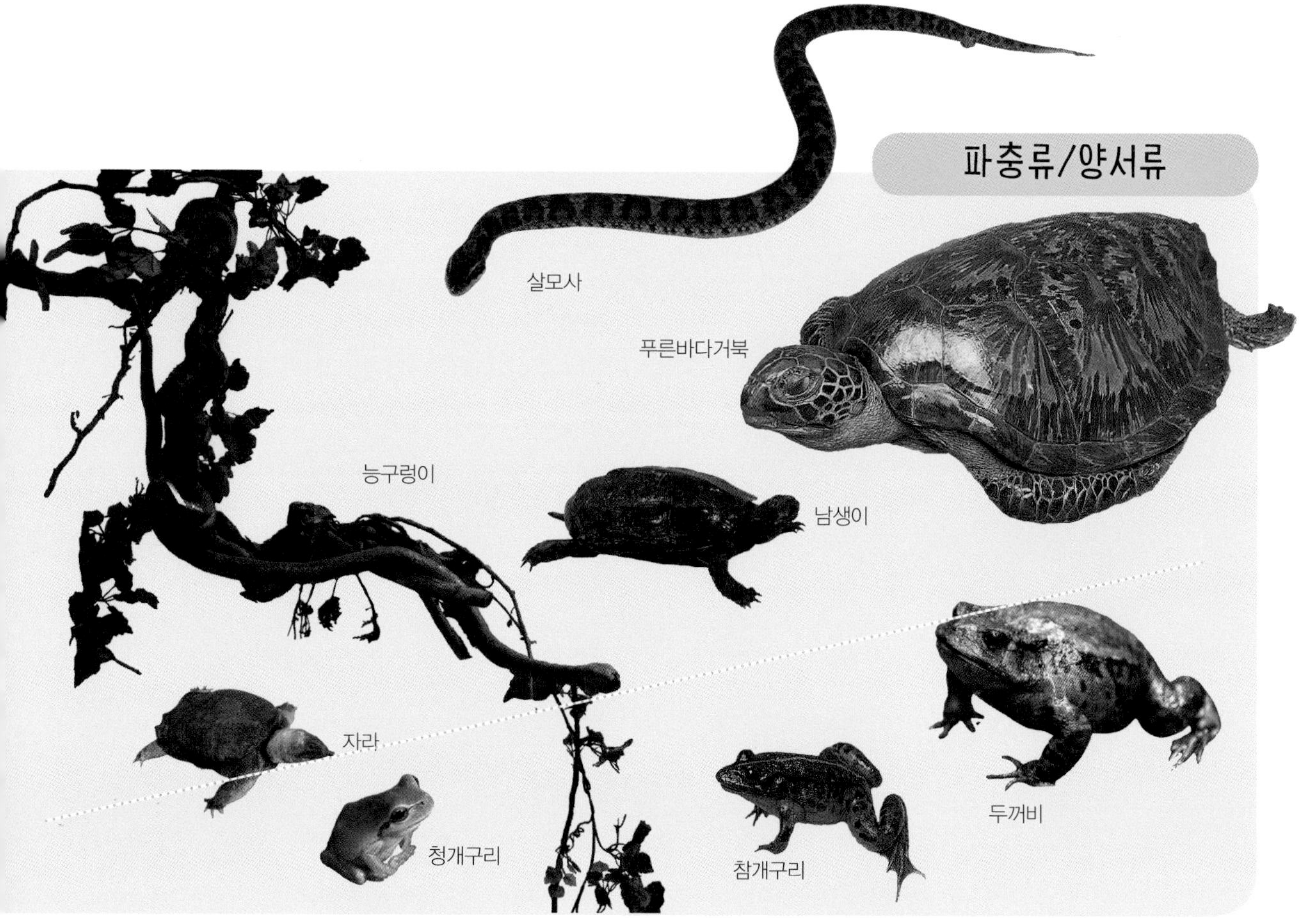

어류 – 물속에서 살아요

어류 전시
물고기들의 이름을 맞혀 보세요.

원시 지구의 바다에 살던 많은 생물들이 육지로 올라오긴 했지만 지금도 바다 속에는 무수히 많은 동물과 식물이 살고 있어요. 이들 생물 중 아가미와 등뼈를 가진 동물을 어류라고 불러요.

아가미는 어류에게 매우 중요한 기관이에요. 숨을 쉴 수 있게 해 주거든요. 물고기가 입으로 물을 빨아들이면 물은 아가미를 통과해서 빠져 나가요. 이 과정에서 아가미 속에 있는 모세혈관이 물에 녹아 있는 산소를 흡수하지요. 어류가 물속에서 살 수 있도록 돕는 또 다른 기관은 부레예요. 공기주머니인 부레에 공기를 넣어서 부풀리면 몸이 뜨고, 반대로 공기를 빼면 몸이 가라앉아요. 부레가 없는 상어의 경우 가라앉지 않기 위해서 계속 몸을 움직여야 한답니다.

기관
특정한 모양과 기능을 가지는 생물체의 한 부분을 말해요.

모세혈관
온몸에 그물처럼 퍼져 있는 가느다란 혈관이에요.

어류

우리도 물속에서 살아요

어류와 함께 바다에서 사는 동물로는 연체동물, 극피동물, 갑각류 등이 있어요. 부드러운 몸을 가진 연체동물에는 달팽이와 조개, 오징어 등이, 뾰족한 가시로 무장한 극피동물로는 성게, 해삼, 불가사리가 있지요. 갑각류는 몸이 마디로 이루어진 절지동물에 속해요. 온몸이 딱딱한 갑옷으로 뒤덮여 있어요. 가재, 게, 새우가 갑각류예요.

절지동물
갑각류 외에 곤충류와 거미류도 모두 절지동물에 속해요.

연체동물 전시
밥상에 흔히 올라오는 조개와 전복 등이에요.

바다 외에도 물속 환경이 또 있어요. 강과 호수, 연못, 늪 등지이지요. 바다와 다른 점은 소금기가 아주 적다는 것이에요. 이런 환경은 각각 독특한 특성을 가지기 때문에 그에 맞게 적응한 동물들이 살고 있답니다.

그 밖의 수중 동물

검은점수염고둥

위고둥

혹불가사리

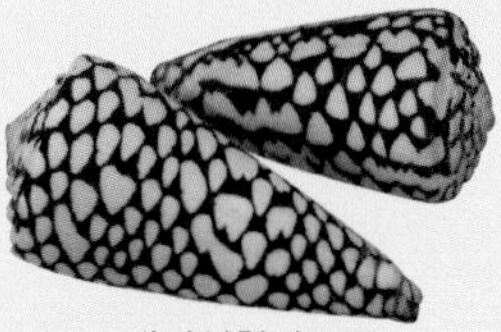

대리석청자고둥

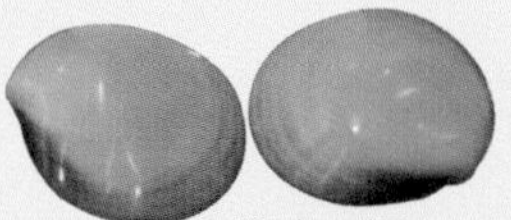

꽃잎조개류

개조개

두점박이민꽃게

범게

부채새우

1층 인간과 자연관

마지막 전시실인 인간과 자연관이에요. 여기서는 자연이 우리에게 무엇을 베풀어 주는지, 우리 주위에는 어떤 자연 환경이 있는지, 또 식물에는 어떤 종류가 있는지 알아볼 수 있어요. 이 전시실의 가장 멋진 점은 바로 살아 있는 동물을 볼 수 있다는 거예요.
살아 있는 동물을 누가 더 많이 찾는지 친구와 겨루어 보세요!

우리나라 산에 살아요

한강에 살아요

지구에 사는 다양한 식물들

우리나라 산에 살아요

고유종

고유종은 특정 지역에만 서식하는 동식물을 뜻해요. 우리나라에 살고 있는 생물은 현재 밝혀진 것만 약 3만 종이에요. 그 중 고유종은 약 2300종이고 계속해서 새로운 종이 확인되고 있지요. 국가적으로도 고유종의 연구와 보호를 위해 노력하고 있답니다. 생물 자원이 지하자원만큼이나 중요한 국가의 자원으로 인정받고 있거든요.

우리나라는 전체 국토 면적의 70퍼센트가 산이에요. 그 중에서도 백두산에서 지리산까지 이어지는 산림 지대는 수많은 야생 동식물들의 보금자리랍니다. 지형이 험하고 높아서 접근이 힘든 데다가 국립 공원이나 보호 구역으로 지정된 곳이 많아 보호가 잘 된 덕분이지요.

이 곳 산림 지대에는 신갈나무, 졸참나무, 상수리나무, 소나무 등이 우거져 울창한 숲을 이루고 있어요. 여기서 갖가지 아름다운 야생화와 야생 풀, 그리고 점점 그 모습을 찾아보기 힘든 멸종 위기 동물들이 살아가지요. 아래 그림과 사진에서 우리나라의 산과 숲에 어떤 동식물들이 살고 있는지 감상해 보세요. 그리고 전시실의 산림생태 코너와도 비교해 보세요. 하나 더, 전시실에서 야생 멧돼지 표본을 찾아보는 것도 잊지 마세요!

국립 공원
자연적, 문화적 가치를 보호하기 위해 나라에서 관리하는 공원이에요.

생태 피라미드

'생태'란 생물이 살아가는 모습을 뜻해요. 전체 생물의 생태는 먹고 먹히는 관계에 따라 생산자와 소비자, 분해자로 구성되어 있어요. 식물인 생산자는 햇빛을 받아 광합성을 해서 유기물을 만들어 내지요. 1차 소비자는 생산자를 먹고, 2차 소비자는 1차 소비자를, 3차 소비자는 2차 소비자를 먹고 살아요. 마지막으로 분해자는 모든 생물을 무기물 상태로 분해하여 생산자가 이용할 수 있게 한답니다. 생산자와 소비자는 그 숫자로 볼 때 위로 올라갈수록 적어져요.

한강에 살아요

철새
철에 따라 이리저리 옮겨 다니며 사는 새들을 일컬어요.

한반도의 중앙에 위치한 한강은 예부터 문화적, 정치적인 중심지였어요. 지금은 대한민국의 수도인 서울의 한가운데를 가로지르면서 사람들에게 편안한 휴식처가 되고 있지요.

한강은 사람들에게만 중요한 공간이 아니에요. 다양한 나무와 풀, 꽃, 물고기, 새 등이 한강을 보금자리 삼아 살고 있거든요. 때문에 나라에서는 **철새**가 찾아오는 밤섬과, 다

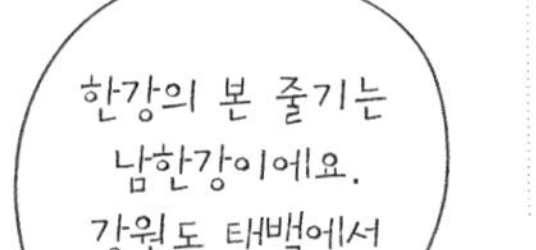

양한 조류 및 파충류를 비롯해 갈대와 물억새, 수양버들이 군락을 이룬 암사동 등지를 생태경관보전지역으로 지정해 보호하고 있어요. 뿐만 아니라 많은 사람들이 야생 동식물의 살아가는 모습을 보며 자연을 배울 수 있도록 여의도와 강서구 개화동 일부 지역, 강동구 고덕동 일부 지역을 생태공원으로 만들어 이용하도록 하고 있지요. 현재 한강에는 모두 1600여 종의 동식물이 살아가고 있답니다. 한강과 그 주변에 살고 있는 자연의 친구들을 만나 보세요.

한강의 옛 이름은?

옛날부터 한반도의 중심지였던 한강은 각 시대에 따라 여러 가지 이름으로 불렸어요. 한강의 옛 이름을 3가지 이상 조사해서 써 보세요.

(　　　　　　　　) (　　　　　　　　) (　　　　　　　　)

보기 대수, 욱리하, 아리수

☞ 정답은 56쪽에

아낌없이 주는 자연

1층 인간과 자연관 전시실 입구에 들어서면 신기한 나무를 만날 수 있어요. 도토리가 잔뜩 달린 나무인데 자세히 보면 커다란 도토리 안에 여러 가지 물건이 들어 있지요. 나무가 우리 인간에게 어떤 것을 베풀어 주는지 상징적으로 표현한 것이랍니다.

그럼, 도토리 속에 무엇이 있는지 살펴볼까요? 열매도 보이고 목재, 책상, 숯, 책, 설탕, 약도 보여요. 저 아래쪽에는 집도 한 채 있네요. 그 밖에 나무에서 얻을 수 있는 것에는 또 무엇이 있나요? 나무는 화학 약품이나 화장품, 향수, 섬유를 비롯해 악기나 장식품의 재료를 제공하기도 해요. 뿐만이 아니에요. 이렇게 눈으로 보이는 용도 외에 나무는 우리가 쉴 수 있는 산과 숲, 공원을 만들어 주기도 하고, 무엇보다 중요한 산소를 공급해 주기도 하지요. 또 산에 나무가 우거지면 비가 왔을 때 흙이 씻겨 내려가는 것을 막아서 산사태를 줄여 주고, 나무의 뿌리가 많은 물을 머금어서 홍수를 막아 주기도 해요.

나무 한 그루가 우리에게 주는 혜택이 이처럼 많은 것을 보면 그 밖에 다른 꽃과 풀, 동물들, 균류 들이 제공하는 것은 또 얼마나 많을지 충분히 짐작이 갈 거예요. 하지만 많은 것을 주는 자연을 인간들이 파괴하고 못쓰게 만들고 있어요. 신문과 텔레비전 뉴스에 매일같이 환경오염에 대한 소식이 등장할 정도로 말이에요. 자연의 고마움에 보답하기 위해서 할 수 있는 일을 고민해 보는 건 어떨까요?

오염된 하천
쓰레기를 함부로 버려 오염된 모습이에요.

멸종 위기 야생 생물

하루 동안 멸종하는 동식물이 전 세계적으로 100여 종이나 된다는 사실을 알고 있나요? 우리나라에서도 환경 오염으로 많은 생물들이 그 모습을 감추고 있답니다. 이에 환경부에서 멸종 위기 야생 동식물 221종을 지정하여 법적으로 보호하기로 했어요. 서대문자연사박물관에는 왼쪽 사진에서 보이는 다섯 가지 멸종 위기 야생 식물의 모형이 전시되어 있으니 찾아보세요.

1.깽깽이풀 2.솜다리 3.죽백란
4.노랑붓꽃 5.광릉요강꽃

지구에 사는 다양한 식물들

번식
불어나서 많이 퍼진다는 뜻이에요.

식물은 크게 포자로 번식하는 것과 씨로 번식하는 것으로 구분할 수 있어요. 포자로 번식하는 쪽을 포자식물, 씨로 번식하는 쪽을 종자식물이라고 부르지요. 우리 주변에서 볼 수 있는 많은 꽃과 나무가 대부분 종자식물에 속해요. 포자식물에는 미역, 김, 다시마, 이끼, 고사리 등이 있어요.

종자식물은 다시 소나무, 은행나무, 소철류와 같은 겉씨식물과 꽃을 피우는 속씨식물로 나뉘어요. 겉씨식물은 속씨식물보다 훨씬 먼저 등장해서 한동안 땅 위를 점령했었지만 중생대에 속씨식물이 나타난 이후 그 수가 많이 줄어들었어요. 지금은 가장 발달한 형태인 속씨식물이 전체 식물의 약 80퍼센트를 차지하고 있답니다.

다양한 식물

고사리

측백나무

벼

이끼

콩

소나무

민들레

옥수수

속씨식물은 떡잎이 한 장인지 두 장인지에 따라서 외떡잎식물과 쌍떡잎식물로 나뉘요. 떡잎이 한 장만 나오는 외떡잎식물은 뿌리가 수염처럼 생겼고 잎맥이 **나란히맥**이에요. 줄기가 가느다란 벼, 보리, 옥수수 등이 여기 속하지요. 이에 비해 떡잎이 두 장 나오는 쌍떡잎식물은 곧은뿌리를 가지고, 잎맥은 그물맥이에요. 또한 형성층이라는 세포층이 있어서 줄기가 점점 굵어지는 부피생장을 한답니다. 그러니 줄기가 굵은 나무는 대개 쌍떡잎식물에 속하지요. 그 밖에 쌍떡잎식물에는 장미, 국화, 목련, 개나리와 콩, 배추, 당근, 감자 등이 있어요.

식물의 진화 전시
어떤 식물이 우리 주위에 있는지 살펴보세요.

나란히맥
잎자루에서 잎몸의 끝까지 서로 나란히 생긴 잎맥을 뜻해요.

식물도 처음에는 물속에서 살았어요. 공기 중에 산소가 생긴 뒤부터 땅 위로 올라오게 되었지요. 동물보다 식물이 먼저 육지로 진출했답니다.

서대문자연사박물관을 나서며

서대문자연사박물관은 많은 사람이 오가는 복잡한 서울 한가운데에 자리하고 있어요. 서울에 사는 친구들이라면 박물관 근처를 지나갔을지도 몰라요. 그냥 지나치면 그뿐이겠지만 시간을 내서 꼭 한번 들러 보세요. 아주 새로운 세계가 펼쳐지거든요.

박물관에 들어서면서 어마어마한 아크로칸토사우루스를 보며 탄성을 질렀을 거예요. 높은 중앙홀의 천장을 날아다니는 프테라노돈과 투푹수아라, 그리고 사나워 보이는 크시팍티누스와 인사를 하다 보면 어느새 까마득한 옛날로 거슬러 가 있지요.

이어지는 지구와의 만남은 지구 탄생에 관한 입체 영상으로 시작해서 환상적인 별자리, 우아한 엘라스모사우루스, 손을 대면 울음소리를 내는 맹꽁이 모형과 같은 흥미로운 전시물 탐구로 계속돼요. 관람을 마치고 나온 지금, 도서관이나 카페에 앉

아 쉬면서 잠시 생각을 정리해 보세요. 어때요, 우리 지구와 그 위에서 살아가는 동식물들에게 한발 가깝게 다가선 것 같나요?

이제 서대문자연사박물관을 나서면서 놓치지 말아야 할 것이 있어요. 바로 지금 느낀 흥미와 관심이에요. 전시물을 보며 가장 궁금했던 점 혹은 인상적이었던 점 한 가지만 기억해도 좋아요. 어렵고 복잡한 지식을 당장 머리 속에 채워 넣는 일은 천천히 하세요. 그보다는 오늘 박물관에서 느낀 호기심을 바탕으로 조금 더 큰 생각을 해 보는 거예요. 그렇게 지구와 그 위에서 살았던, 그리고 지금 살아가는 소중한 생명들에 대해 조금씩 알아가다 보면 어느새 여러분의 꿈이, 그리고 자연을 사랑하는 마음이 커져 있을 테니까요.

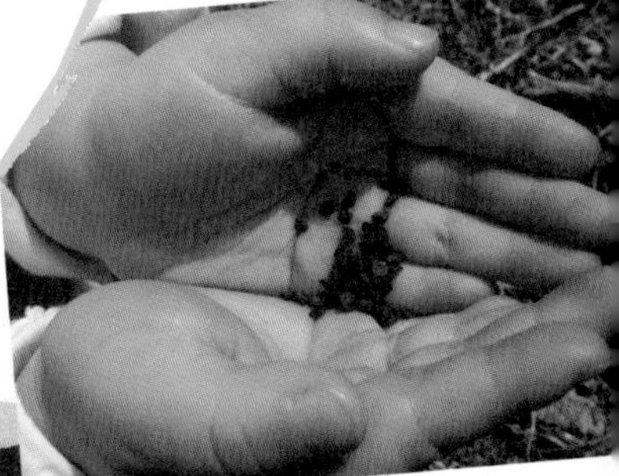

나는 자연사박물관 박사

1 올바르지 않은 것을 골라 보세요. (   )

왼쪽 사진은 3층 지구환경관에 있는 지구의 내부 구조 전시물이에요. 바깥에서부터 지각, 맨틀, 외핵, 내핵을 나타내지요. 지구 내부 구조에 관한 아래 설명 가운데에서 맞지 않는 것을 골라 보세요.

1. 지구의 내부 구조는 내핵, 외핵, 맨틀, 지각으로 이루어져 있어요.
2. 그 중 가장 두꺼운 곳은 지각이에요.
3. 핵의 온도는 최고 섭씨 6000도예요.
4. 내핵이 가장 무거운 물질로 구성되어 있어요.

2 지구를 찾아보세요.

태양계는 태양과 그 주위를 도는 여덟 개의 행성을 말해요. 우리 지구도 그 중 하나이지요. 태양계를 그린 아래 그림에서 지구를 찾아 동그라미 해 보세요.

도움말 지구가 태양으로부터 몇 번째 위치에 있는지 생각하면 쉬워요.

③ 암석과 광물을 구분해 보세요.

보기 속에 들어 있는 여러 가지 물질들을 암석과 광물로 각각 아래 칸에 써 넣어 보세요.

보기

규암

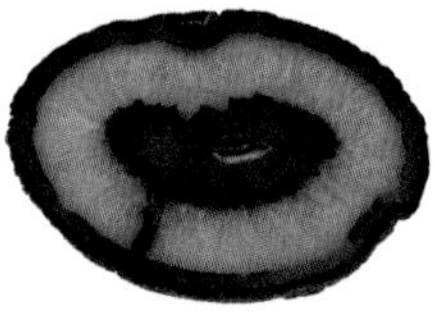
마노

반려암

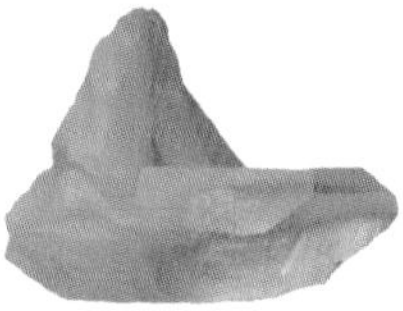
석영

역암

황수정

흑운모

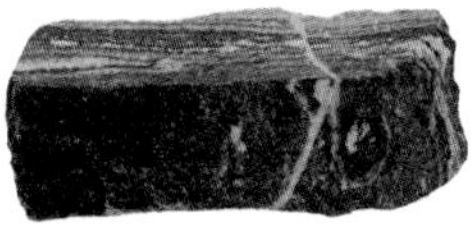
편마암

암석

광물

④ 순서대로 번호를 써 보세요.

지금으로부터 약 4억 년~3억 6천년 전, 바다에서만 살던 동물들이 땅으로 올라와 살기 시작했어요. 물에서 살던 동물이 땅으로 올라오면서 몸의 생김새도 환경에 맞게 점차 변해 갔지요. 아래 그림을 진화한 순서에 따라 번호를 매겨 보세요.

(　　)

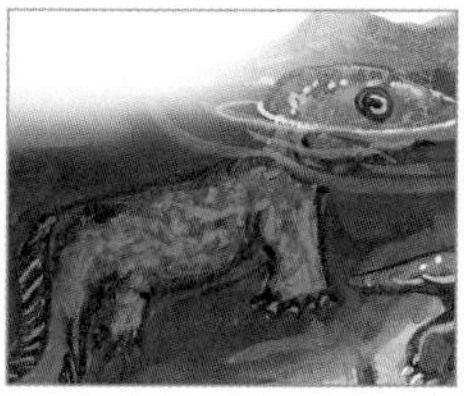
(　　)

(　　)

(　　)

(　　)

☞ 정답은 56쪽에

나는 자연사박물관 박사

⑤ 다음 설명 중 올바른 것을 골라 보세요. (   )

1. 아크로칸토사우루스는 고생대 백악기에 지구에 살았던 공룡이에요.

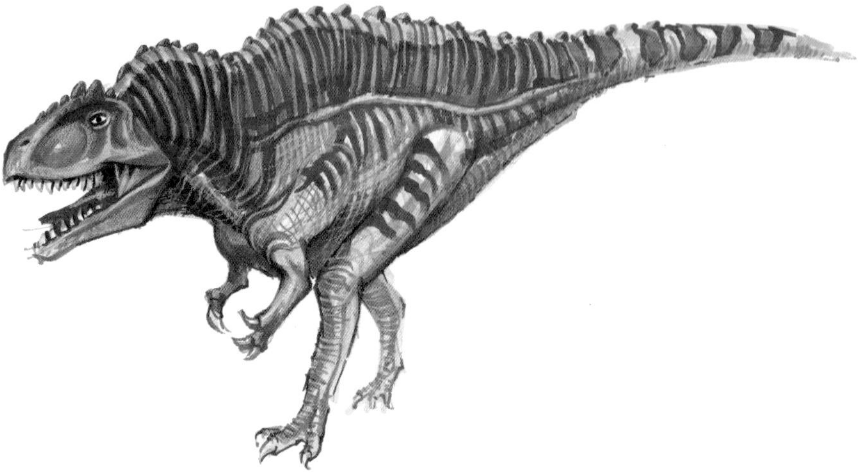

2. 공룡의 피부색은 아무도 몰라요. 아직까지는 상상만 할 뿐이지요.

3. 아래 공룡의 뼈는 트리케라톱스의 것이에요.

⑥ 같은 종류끼리 짝지어 보세요.

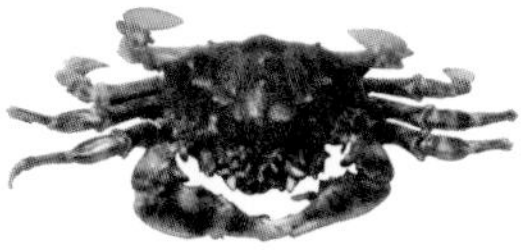

⑦ 외떡잎식물을 골라 보세요.

떡잎이 한 장만 나오는 식물을 외떡잎식물이라고 해요.
외떡잎식물의 특징은 뿌리가 수염뿌리이고 잎맥이 나란한 나란히맥이라는 것이지요. 또 부피생장을 하는 쌍떡잎식물과는 달리 외떡잎식물은 줄기의 굵기가 굵어지지 않아요.
다음 식물 중에서 외떡잎식물은 어느 것일까요? (   )

1. 벼

2. 이끼

3. 콩

☞ 정답은 56쪽에

살아 있는 동물과 식물 기르기

1층 인간과 자연관에는 표본이나 박제가 아닌 살아 있는 동물과 멸종 위기 야생 식물이 전시되어 있어요. 넓적사슴벌레, 장수풍뎅이, 청개구리, 말똥게 등을 전시실에서는 물론 집에서 인터넷으로도 관찰할 수 있지요. 몇 가지 준비물만 있으면 여러분 집에서도 좋아하는 식물이나 동물을 기를 수 있어요. 한번 도전해 보세요!

살아 있는 동물 기르기 전시

1. 장수풍뎅이 기르기

장수풍뎅이 애벌레

장수풍뎅이 번데기

다 자란 장수풍뎅이

준비물: 장수풍뎅이 애벌레 또는 성충, 장수풍뎅이가 살 집, 먹이

2. 상추 기르기

상추 씨

상추 모종

다 자란 상추

준비물: 상추 씨 또는 모종, 상추를 심을 화분이나 땅

3. 감자 기르기

감자 싹

감자 모종

다 자란 감자

준비물: 싹 튼 감자 조각 또는 감자 모종, 감자를 심을 화분이나 땅

4. 파 기르기

파 씨

잡초 제거

다 자란 파

준비물: 파 씨 또는 모종, 파를 심을 화분이나 땅

동물과 식물을 기르면서 매일매일 관찰하고 그 결과를 기록해 두는 습관을 들여 보세요. 무심코 지나칠 수 있었던 일들도 발견할 수 있을 뿐만 아니라 나중에 비슷한 동식물을 기를 때 큰 도움이 될 테니까요. 이번에는 상추를, 다음 번에는 감자를 기르면서 관찰 일기를 꾸준히 써 나가면 나중에는 식물 박사가 될지도 모르잖아요!

정답

여기서 잠깐!

10쪽 ③대기

14쪽 ③우리나라에서는 볼 수 없다.

26쪽

29쪽

43쪽 대수, 아리수, 욱리하, 이하, 왕봉하, 한산하, 북독, 열수, 사평도, 사리진, 경강, 한수 가운데 3가지 이상만 쓰면 돼요.

나는 자연사박물관 박사

❶ 올바르지 않은 것을 골라 보세요.
2. 그 중 가장 두꺼운 곳은 지각이에요.

❷ 지구를 찾아보세요.

❸ 암석과 광물을 구분해 보세요.

암석	광물
규암, 반려암 역암, 편마암	마노, 석영 황수정, 흑운모

❹ 순서대로 번호를 써 보세요.
2 – 3 – 1 – 5 – 4

❺ 다음 설명 중 올바른 것을 골라 보세요.
2. 공룡의 피부색은 아무도 몰라요. 아직까지는 상상만 할 뿐이지요.

❻ 같은 종류끼리 짝지어 보세요

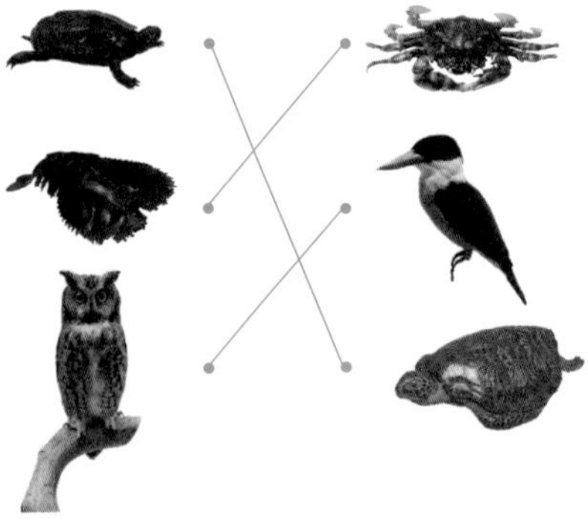

❼ 외떡잎식물을 골라 보세요
1. 벼.

사진 및 그림

서대문자연사박물관 3p(프테라노돈), 4~5p(사진 전부), 6~7p(사진 전부), 10p(지구 내부 구조), 17p(별자리), 19p(스코리아와 부석), 21p(사진 전부), 24~25p(사진 전부), 26~27p(사진 전부), 29p(트리케라톱스), 30~31p(사진 전부), 32p(아메리카너구리, 비버, 줄무늬스컹크, 아메리카흑곰), 33p(사진 전부), 34p(곤충 전시, 율리세스호랑나비, 메니페흰나비, 부채장수잠자리, 장수풍뎅이), 35p(두꺼비, 청개구리, 참개구리, 푸른바다거북), 36p(어류 전시, 쏠배감펭, 농어, 민어), 37p(연체동물 전시, 혹불가사리, 개조개), 41p(호랑이), 42p(아무르장지뱀), 43p(청둥오리), 45p(깽깽이풀, 솜다리, 죽백란, 노랑붓꽃, 광릉요강꽃), 47p(식물의 계통 전시), 48~49p(붉은머리오목눈이, 꾀꼬리, 청호반새, 댕기물떼새, 혹불가사리, 중앙홀, 노랑붓꽃, 스테고사우루스), 숙제를 돕는 사진(아크로칸토사우루스, 역동적인 지구, 태양계, 스테고사우르스, 한강 생태 전시, 트리케라톱스, 박물관 전경)

주니어김영사 35p(능구렁이, 남생이), 42p(유리창나비, 숭어), 43p(논병아리)

박용미 22~23p(파키케팔로사우루스), 32p(회색늑대, 점박이하이에나, 스프링벅), 34p(바이컬러비단벌레, 라자비단벌레, 아델파풍뎅이, 파라이사슴벌레, 버들하늘소, 참매미, 헤라클레스대왕풍뎅이), 35p(자라, 살모사), 36p(대구, 노랑가오리, 호박돔, 가시복, 귀상어, 은상어), 37p(검은점수염고둥, 꽃잎조개류, 대리석청자고둥, 두점박이민꽃게, 범게, 부채새우, 위고둥), 40p(청딱따구리, 꿩, 족제비, 멧돼지), 41p(청서, 너구리), 42p(고슴도치, 다람쥐), 43p(흰빰검둥오리), 숙제를 돕는 사진(포유류 전시실)

오춘택 40~41p(향나무, 산솜방망이, 홀아비바람꽃, 모데미풀, 얼레지, 산앵도나무), 42~43p(오리나무, 억새, 박주가리), 46p(고사리, 측백나무, 벼, 이끼, 소나무, 옥수수)

포토스탁 13p(달), 20p(해식동굴, 석회암동굴), 40p(반달곰), 45p(오염된 하천)

연합뉴스 19p(지진 대피 훈련)

김지연 42~43p(수수미꾸리, 쉬리, 돌고기), 46p(콩, 민들레), 54~55p

박찬수 20p(용암동굴)

초등학교 교과서와 관련된 학년별 현장 체험학습 추천 장소

1학년 1학기 (21곳)	1학년 2학기 (18곳)	2학년 1학기 (21곳)	2학년 2학기 (25곳)	3학년 1학기 (31곳)	3학년 2학기 (37곳)
철도박물관	농촌 체험	소방서와 경찰서	소방서와 경찰서	경희대자연사박물관	IT월드(과천정보나라)
소방서와 경찰서	광릉	서울대공원 동물원	서울대공원 동물원	광릉수목원	강원도
시민안전체험관	홍릉 산림과학관	농촌 체험	강릉단오제	국립민속박물관	경희대자연사박물관
천마산	소방서와 경찰서	천마산	천마산	국립서울과학관	광릉수목원
서울대공원 동물원	월드컵공원	남산골 한옥마을	월드컵공원	국립중앙박물관	국립경주박물관
농촌 체험	시민안전체험관	한국민속촌	남산골 한옥마을	기상청	국립고궁박물관
코엑스 아쿠아리움	서울대공원 동물원	국립서울과학관	한국민속촌	서대문자연사박물관	국립국악박물관
선유도공원	우포늪	서울숲	농촌 체험	선유도공원	국립부여박물관
양재천	철새	갯벌	서울숲	시장 체험	국립서울과학관
한강	코엑스 아쿠아리움	양재천	양재천	신문박물관	남산
에버랜드	짚풀생활사박물관	동굴	선유도공원	경상북도	남산골 한옥마을
서울숲	국악박물관	고성 공룡박물관	불국사와 석굴암	양재천	롯데월드 민속박물관
갯벌	천문대	코엑스 아쿠아리움	국립중앙박물관	경기도	국립민속박물관
고성 공룡박물관	자연생태박물관	옹기민속박물관	국립민속박물관	이화여대자연사박물관	삼성어린이박물관
서대문자연사박물관	세종문화회관	기상청	전쟁기념관	전쟁기념관	서대문자연사박물관
옹기민속박물관	예술의 전당	시장 체험	판소리	천마산	선유도공원
어린이 교통공원	어린이대공원	에버랜드	DMZ	한강	소방서와 경찰서
어린이 도서관	서울놀이마당	경복궁	시장 체험	화폐금융박물관	시민안전체험관
서울대공원		강릉단오제	광릉	호림박물관	경상북도
남산자연공원		몽촌역사관	홍릉 산림과학관	홍릉 산림과학관	월드컵공원
삼성어린이박물관		국립현대미술관	국립현충원	우포늪	육군사관학교
			국립4·19묘지	소나무 극장	해군사관학교
			지구촌민속박물관	예지원	공군사관학교
			우정박물관	자운서원	철도박물관
			한국통신박물관	서울타워	이화여대자연사박물관
				국립중앙과학관	제주도
				엑스포과학공원	천마산
				올림픽공원	천문대
				전라남도	태백석탄박물관
				경상남도	판소리박물관
				허준박물관	한국민속촌
					임진각
					오두산 통일전망대
					한국천문연구원
					종이미술박물관
					짚풀생활사박물관
					토탈야외미술관

4학년 1학기 (34곳)	4학년 2학기 (56곳)	5학년 1학기 (35곳)	5학년 2학기 (51곳)	6학년 1학기 (36곳)	6학년 2학기 (39곳)
강화도	IT월드(과천정보나라)	갯벌	IT월드(과천정보나라)	경기도박물관	IT월드(과천정보나라)
갯벌	강화도	광릉수목원	강원도	경복궁	KBS 방송국
경희대자연사박물관	경기도박물관	국립민속박물관	경기도박물관	덕수궁과 정동	경기도박물관
광릉수목원	경복궁 / 경상북도	국립중앙박물관	경복궁	경상북도	경복궁
국립서울과학관	경주역사유적지구	기상청	덕수궁과 정동	고성 공룡박물관	경희대자연사박물관
기상청	경희대자연사박물관	남산골 한옥마을	경상북도	국립민속박물관	광릉수목원
농촌 체험	고창, 화순, 강화 고인돌유적	농업박물관	경희대자연사박물관	국립서울과학관	국립민속박물관
서대문자연사박물관	전라북도	농촌 체험	고인쇄박물관	국립중앙박물관	국립중앙박물관
서대문형무소역사관	고성 공룡박물관	서울국립과학관	충청도	농업박물관	국회의사당
서울역사박물관	충청도	서울대공원 동물원	광릉수목원	롯데월드 민속박물관	기상청
소방서와 경찰서	국립경주박물관	서울숲	국립공주박물관	몽촌토성과 풍납토성	남산
수원화성	국립민속박물관	서울시청	국립경주박물관	민주화현장	남산골 한옥마을
시장 체험	국립부여박물관	서울역사박물관	국립고궁박물관	백범기념관	대법원
경상북도	국립서울과학관	시민안전체험관	국립민속박물관	서대문자연사박물관	대학로
양재천	국립중앙박물관	경상북도	국립서울과학관	서대문형무소 역사관	민주화 현장
옹기민속박물관	국립국악박물관 / 남산	양재천	국립중앙박물관	서울역사박물관	백범기념관
월드컵공원	남산골 한옥마을	강원도	남산골 한옥마을	조선의 왕릉	아인스월드
철도박물관	농업박물관 / 대법원	월드컵공원	농업박물관	성균관	서대문자연사박물관
이화여대자연사박물관	대학로	유명산	롯데월드 민속박물관	시민안전체험관	국립서울과학관
천마산	롯데월드 민속박물관	제주도	충청도	경상북도	서울숲
천문대	몽촌토성과 풍납토성	짚풀생활사박물관	서대문자연사박물관	암사동 선사주거지	신문박물관
철새	불국사와 석굴암	천마산	성균관	운현궁과 인사동	양재천
홍릉 산림과학관	서대문자연사박물관	한강	세종대왕기념관	전쟁기념관	월드컵공원
화폐금융박물관	서울대공원 동물원	한국민속촌	수원화성	천문대	육군사관학교
선유도공원	서울숲	호림박물관	시민안전체험관	철새	이화여대자연사박물관
독립공원	서울역사박물관	홍릉 산림과학관	시장 체험 / 신문박물관	청계천	중남미박물관
탑골공원	조선의 왕릉	하회마을	경기도	짚풀생활사박물관	짚풀생활사박물관
신문박물관	세종대왕기념관	대법원	강원도	태백석탄박물관	창덕궁
서울시의회	수원화성	김치박물관	경상북도	해인사 고려대장경과 장경판전	천문대
선거관리위원회	승정원 일기 / 양재천	난지하수처리사업소	옹기민속박물관	호림박물관	우포늪
소양댐	옹기민속박물관	농촌, 어촌, 산촌 마을	운현궁과 인사동	유니세프 한국위원회	판소리박물관
서남하수처리사업소	월드컵공원	들꽃수목원	육군사관학교	무령왕릉	한강
중랑구재활용센터	육군사관학교	정보나라	이화여대자연사박물관	현충사	홍릉 산림과학관
중랑하수처리사업소	철도박물관	드림랜드	전라북도	덕포진교육박물관	화폐금융박물관
	이화여대자연사박물관	국립극장	전쟁박물관	서울대학교 의학박물관	훈민정음
	조선왕조실록 / 종묘		창경궁 / 천마산	상수허브랜드	상수도연구소
	종묘제례		천문대		한국자원공사
	창경궁 / 창덕궁		태백석탄박물관		동대문소방서
	천문대 / 청계천		한강		중앙119구조대
	태백석탄박물관		한국민속촌		
	판소리 / 한강		해인사 고려대장경과 장경판전		
	한국민속촌		화폐금융박물관		
	해인사 고려대장경과 장경판전		중남미문화원		
	호림박물관		첨성대		
	화폐금융박물관		절두산순교성지		
	훈민정음		천도교 중앙대교당		
	온양민속박물관		한국에너지기술연구원		
	아인스월드		한국자수박물관		
			초전섬유퀼트박물관		

숙제를 돕는 사진

아크로칸토사우루스의 복제 표본

공룡공원의 스테고사우루스

서대문자연사박물관

어류 전시

석회암동굴 모형 전시

형광 광물

숙제를 돕는 사진

곤충 전시

트리케라톱스의 머리뼈

아메리카흑곰 꾀꼬리 큰소쩍새 아메리카너구리

포유류

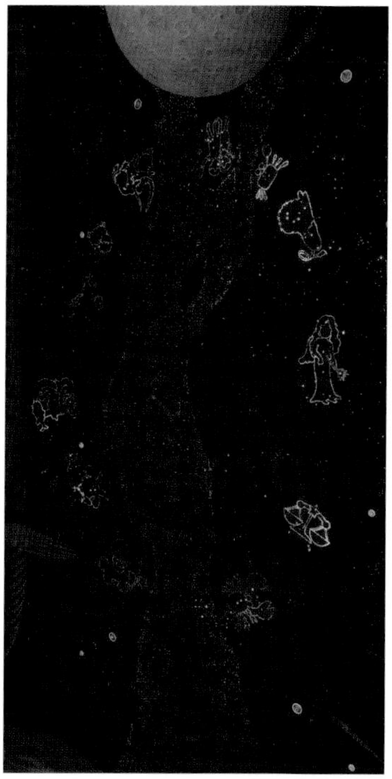

우리나라 여름철의 별자리

식물의 계통 전시